滄海叢刊

文化·哲學與方法

何 秀 煌 著

1988

東 大 圖 書 公 司 印 行

文化・哲學與方法

何秀煌 著

ⓒ 文化・哲學與方法

作　者　何秀煌
發行人　劉仲文
出版者　東大圖書股份有限公司
總經銷　三民書局股份有限公司
印刷所　東大圖書股份有限公司
地址／臺北市重慶南路一段六十一號二樓
郵撥／〇一〇七一七五—〇號
初　版　中華民國七十七年一月
編　號　E 10018①
基本定價　肆元貳角貳分
行政院新聞局登記證局版臺業字第〇一九七號

前　言

　　這裏所收集的是作者近三、四年來所發表的比較思想性的作品，關注點是這個時代裏的文化問題。作者希望從方法和方法論的自覺出發，重新發掘哲學在我們文化危機裏的意義，進而指出哲學在解決我們文化危機——甚至世界文化危機的努力當中，所可望扮演的角色。

　　在我們這個時代裏，文化的危機不是起於我們對哲學的漠然冷淡。相反地，我們對哲學的冷漠，事實上是我們的文化危機所衍生出來的結果。

　　在我們自己的文化疆域裏，百年來在西方文化優勢的震盪衝擊之下，文化續存和拓展發繁的信心曾經一度遭受嚴重的考驗和無情的打擊。至今，仍然有不少人相信我們要能在世界舞臺上，與其他列強並駕齊驅，唯有徹頭徹尾向西方模仿學習。他們認爲中國的文化——尤其是它的主導思潮已經遠遠脫離現代社會的發展方向與現代人的生活方式。這類「全盤西化」的論調，若產生在五十年之前，尚有它理雖不足，情有可原之處。可是身處二十世紀之末的今天，這個世界又經歷了半個世紀的文化演革和社會變遷，我們的心境和認識理應提升到一個新的高度和境界。

　　這個世紀，一種全球性的「世界文化」已經開始萌芽發生，成長壯大。這種文化固然不是中國的，但也不全是西方的。我們再也不能

拿過去傳統中國的文化去對抗這種當今現代人正在生活其間的世界文化。然而，這並不表示，因此我們對固有的中國文化理想就得採取全盤放棄的態度。我們應該認真去設想，中國文化有哪些成素值得我們在現代社會和明日世界中，珍藏、保留、傳播、推廣，用以增進人類的生活健全，提高人類的生命素質。簡單地說，我們要怎樣去參與世界文化的經營，貢獻我們獨有的特長。

這樣的文化工作不僅依靠我們卓越的見識和堅定的意志，它更有賴我們正確的觀念和有效的方法。哲學性的思索在這個層次上，原可發揮它獨特的貢獻。從事哲學工作的人不應該輕易放棄這份責任。

可是哲學在這個世紀曾經處於狹隘的領域，自封於閉鎖的狀態之中。只追求實證的認知、觀念的釐清、玄學的消除、以及回返日常語言所表現的思維方式和解題方法。這些終久把哲學的思索局限在自我劃定的問題探索範圍（比如科學哲學的問題的討論）以及專技而形式化的解題辦法（比如形式邏輯分析和語言分析）的巢窟當中，無法自拔。這些努力在二十世紀的知識領域裏，並非徒勞無功，全無貢獻，可是，一味自限的結果却使一般的哲學思索無法和全盤的文化問題銜接，不能跟現代人的生活與生命問題互通氣息。久而久之，哲學的思索逐漸自絕於現代人生問題的探討，甚至自絕於當今社會問題、政治問題以及文化問題等等的學術討論。哲學變成無力、無用而又無趣的專業題材。這是十分令人惋惜的事。

作者提議在當今語言哲學方興未艾，澎湃開展之際，進一步深入窮理，探索人類心靈問題——心靈現象、心靈結構和心靈素質，建立新時代新世紀的心靈哲學，從而探究人類價值的安立基礎和文化精神的奠定根據。作者特別期待在二十一世紀的哲學思索之中，將人類感情的研究帶入一個新的紀元，使我們的思慮突破「實然」與「應然」

的格局和規限，進入「願然」的領域——作者呼籲我們努力開闢人生
願然的心靈領域，建立人生新的心靈境界。

　　　　　　　　　　　　一九八七年九月八日　香港

目　　次

從方法論的觀點看——中國哲學的關懷與世界文化的問題

一、「世界文化」的興起

由於科技的急速成長、世界化、通俗化與制式化；由於大眾傳播之普遍化與深入：打破種種藩籬（包括政治限制）；特別是由於國際貿易關係的加速、加深與增廣，以及種種商業行為與消費主義的風行與氾濫；一種隱約可以指認出來的世界性的生活方式正在急速形成、擴大和加強。當今，我們不管身居世界那一國度，慢慢可以使用一種或少數幾種日常語言來溝通；可以運用共通的表情、手勢和行為來表達情意；我們很容易把握電視及其他螢光幕的畫面，輕易操控各種工具、機械和其他一切器物；特別是將來電腦及機械人之改良、制式化和普及化之後，一切複雜煩瑣的工作程序，一切厭人辛苦的工作過程終將由機械為我們代勞，於是人類的生活顯得更加容易，更加簡單，更能制式化和統一化。人類成為一個大家庭的夢想，各種文化間的殊異不足以妨害互通的指望，就更加接近而指日可待。人類可以在不完全湮沒自己文化的特色之下，享有一種可以共通的生活方式，這種共通的生活方式，我們可以名之為「世界性文化」，以別於「地區性文化」。為了簡單起見，也可以直接稱為「世界文化」。

二、世界文化與西方文化

這樣的世界文化，在當今的時代階段裏，正在逐步而深遠地支配我們的生活內容，它是我們現代人無以堅拒逃脫的生活方式。

這樣的生活方式，至少在現階段的成就和可見將來的發展上看，主要是一種西方文化——一種通俗化的西方文化。這點，從它起源發展的歷史觀點看是如此；從實際器物的利用方式、概念、思想甚至語言的發展方向，以及道德法律等價值規範之轉變與起滅等等實際生活內容與形態看是如此；就是從它賴以滋生、據之開展的理論基礎看，亦復如此。這正是我們今天的討論所要加以注目關心之處。

從這種世界文化的理論基礎看，實用主義、功利主義和個人主義（以及由此衍生的自由主義）佔據着舉足輕重，甚至是完全決定性的地位。（這些主義之間並不一定彼此獨立，我們只是為了討論方便，將它們同列並舉）。

三、世界文化與其他（地區）文化

雖然從主流上看，當今的世界文化是種西方文化，可是這種現象也不盡然；同時更重要的是，這樣的西方文化對世界文化之全面籠罩也不盡可欲。

首先，我們可以清楚或約略地看出，一些地區性的文化，在遭受西方文化的壓制之後，又重新掙扎擡頭，投入文化的大流，共同參加開創當今世界文化的行列。比如，在某一重要的意義下言之，日本就是一個顯著的例子。而中國，在經過一段對自己文化的自省懷疑和批

刊之後，又慢慢開始重新認識和重新加以肯定，希望它對世界文化的深遠影響和實質貢獻，指日可待。

不但如此，西方的文化在經過一大段時期的風行獨覇之後，它的問題和敗跡也慢慢呈現出來。比如公害問題和所謂人的「疏離」問題等就是。因此，西方的智者也開始在追尋彌補缺陷之方和解救危機之法。正在這個關鍵上——在我們對自己的文化逐漸恢復自信和西方人慢慢察覺到他們的文化不再是絕對優越的時候 —— 我們應該細心審問：我們原有的傳統智慧，尤其是文化理想，能不能爲那日益壯大的世界文化，注入一種新鮮的血液，使世界文化發展得更加健全，使其對人類的生活與生命更加有益。

四、中國哲學的關懷

那麼，在當今之世，我們的傳統文化到底能爲世界文化提供一些什麼樣的有力和有益的貢獻呢？

在中國傳統的哲學思想中，各家所標示的文化理想和生活方式到底可能在當今的世界文化中產生什麼激濁揚清，增長補短的作用，這要個別細分地加以考察和討論。它不是我們現在所要研究的問題。爲了說明上的方便，現在我們只以中國哲學中，不分儒、道、釋所標示的某些文化理想，做爲例釋。

很明顯地，在中國哲學所標示的殊多文化理想中，有幾項甚爲突出而值得我們注意。比如：

(1)重視人的內在價值：成德甚於立功。

(2)主張人與自然間的和諧甚於一味利用自然。

(3)重視家庭感情關係和倫常規範，以此做爲社會秩序之起點。

(4)不只獨善其身，更求兼善天下的情懷。

類似這些理想的追求和重視，終久或可有助挽救當今世界文化所呈現出來的某些困境和危機。

五、中國的傳統理想與近代現實

以上我們的敍述似乎隱約拿中國傳統的文化理想和現代的西方文化（世界文化）的現實相提並論。我們可以這麼做嗎？的確，我們不能將理想性和現實性任意平擺，較量高下。可是，我們所要做的却非此事。我們想要追究的是：中國傳統的文化理想能否爲當今的世界文化發展注入新鮮的血液，幫助開創更加健全的發展方向，挽救目前我們正身受其害的某些世界文化危機？

要追問這樣的問題，首先我們遭遇到怎樣令中國傳統的文化理想落實到現代人的生活方式裏的問題，甚至遭遇到此種落實是否可能的問題。這是我們在下面的討論裏所要觸及的問題。現在讓我們首先這樣設想：中國傳統文化理想尚未在現代人的生活中落實，這是否令我們失去資格去考察中國傳統的理想對當今世界文化的可能貢獻呢？

讓我們從另一個角度來觀看這個問題：拿中國傳統的文化理想與當代西方文化的現實比較，固然是不公平的；可是，拿中國目前的文化現實和西方當今的文化現實來比較，那是絕對公平的嗎？那要看我們要比較什麼而定。倘若我們所着眼的是衡量至今兩者應付現實需要的能力，這樣做顯然無可厚非，甚至絕對公平。可是，如果我們是接着要據之評斷文化品質的高下或其發展上的潛能與局限，那麼不是完全不公平，也是爲時過早。中國百年來的現實並不足以用來評斷它日後發展的局限性。我們過去的確臣服於西方文化那強有力的經濟力量

和軍事力量之下，做出百般不暢順的調節與反應：義和團、「中體西用」、全盤西化、鄉土化、中國化等等。可是這却並不就是中國傳統文化理想日暮途窮的明證。

六、中國傳統理想落實到現代人生的可能性

我們都知道一件事事實上如此並不足以證明它不可能不如此；同樣地，一件事事實上不是如此，也不足以證明它不可能如此。中國文化理想是否能够落實到現代人的生活方式（現代世界文化）裏，情況也完全一樣。當今未曾落實並不足以排除它終將可以落實的可能性。當然，要證明某種事物存在，最方便、直接而且有力的方法就是提出該類事物存在的實際個例。要證明中國傳統的文化理想可以在現代人生裏落實，最有力的明證就是活出一個中國傳統文化理想的現代社會榜樣。在此之前，一切有關落實問題的正反論證都是間接而不是決定性的。

從正面看，有兩點值得我們注意：

第一，中國文化在人類的古老文化裏依舊一枝獨存（卽使並沒有一枝獨秀），並且遠較其他古老文化繼續存在久遠。

第二，過去中國文化曾經有過豐碩的現實成就，不只停留在概念的優越層面上。

假如文化成就和文化適存是一種總體性的能力，雖然現在許多客觀環境和生存條件改變了，過去它在現實上的成就仍然為今後它的可落實性增加一份可靠性和或然率。

七、面臨的困難：現實上的困難與方法論上的困難

過去中國文化是在農業社會和較爲靜態的與較爲封閉的世界裏壯大成長和開花結果。那時沒有其他敵對的優秀文化直接而有力地威脅它的發展和續存。可是，今日的局面大爲不同。今日的世界文化是一種十分動態性的和開放性的工商業文化。它往往可以輕而易舉地吸收地區性的文化，化做它不甚緊要的枝節。中國傳統文化正面臨這種強大的壓力與衝擊，產生許多在現實上適存的困難。全面的文化建設有時也像較小規模的具體建設一樣，往往也有荒蕪已久，百廢待興的現象。但是這類現實的困難枝節甚多，我們不能在此處一一加以討論。我們想要專心注意的是：中國傳統文化理想要落實到現代人生裏，所面臨的方法論上的難題。這些難題有待我們加以明確認定和努力克服。

前面我們說過，當今的世界文化至少具有下列的哲學思想基礎：實用主義、功利主義和個人主義。這些主義以及它們所衍生出來的文化理論和社會政治基礎是否與中國傳統的文化根基相容不悖呢？如果不是的話，中國的文化理想怎麼可望在現代強有力的世界文化裏生根而不被排斥呢？從過去我們業已累積的經驗以及理論分析的顯示，我們知道中西文化交會時，容易引起許多爭執和對抗，其中至少包括像底下所列舉的這些緊張：

　　　　a. 靜態的模式與動態的模式之間的對抗。

　　　　b. 絕對主義與相對主義之間的對抗。

　　　　c. 尙義與尙利之間的對抗。

　　　　d. 一元主義與多元主義之間的對抗。

e．直覺主義與分析主義之間的對抗。

f．現實主義與理想主義之間的對抗。

g．個體主義與群體主義之間的對抗。

h．自由主義與約制主義之間的對抗。

像這類的爭執與對抗在不同文化的交會之時，不可避免地引起實力較弱的文化面臨繼絕存亡的問題。當今的中國文化在強大的西方文化的壓制之下，正面臨着這樣的問題。這是中國哲學工作者必須加以深思細想的問題，也是中國傳統的文化理想如何可能落實到現代人生所面臨的方法論上的問題。

八、建立現代中國文化的方法論

所以，不管是在談論中國哲學的現代化問題也好，談論中國文化理想的落實問題也好，我們首先必須考慮使現代化或落實成為可能所要解決的方法論的問題。

舉個例子來說，當今的世界文化是種多元價值的文化。但是，中國傳統的文化理想如果強調的是單元（一元）價值的話，那麼後者與前者就變得格格不入。我們也就很難拿後者來指導前者，改變它發展的方向，而不首先引起一場存亡續絕的鬥爭。

所以，如何免除這種對抗；或者如何調和這種對抗，是我們首先必須面對的問題。中國的哲學工作者在思索這些問題的時候，將可望逐步建立中國現代文化（現代的生活方式）的方法論，進而幫助澄清整個世界文化的方法論。

最後讓我們對文化的方法論做一個小小的澄清。一切的方法論都不完全是先驗的；因此，我們可以在嘗試建立現代中國文化的生活方

式上，獲得建立其方法論的素材與經驗。也因此，中國文化的方法論的逐步建立，也可以間接地用來檢討和修正世界文化的方法論。

世界文化・世界哲學與
中國哲學的再建問題
——一個方法論上的考察

一、「世界文化」的形成及其特點
——「世界文化」與西方文化

作者曾經在其他不同的場合提出「世界文化」這個概念❶，主要目的在於指出，目前我們所面對的中國文化再生或文化重建問題，早已不是停留在五十年前或一百年前的層次之上。今天我們所面臨的問題已經不再是（或者不全是）固有文化或西方文化的抉擇問題；不再是（不全是）復古與西化衝突的問題；不再是（不全是）要不要「中學爲體，西學爲用」的問題。我們所要考慮的是一連串（而不只是一個）比較複雜、比較細膩的問題。

這裡所謂的「世界文化」，指的是一種世人可以通融並納的生活方式——特別是生活方式裡的思想方式、行爲模式、器物利用和價值取向。我們所以說「通融並納」而不說「一致接受」，因爲(1)世人往往各有其本身的「地區性」的文化傳統。接納「世界文化」並不一定意味着全盤摒棄固有的地方文化。尤有甚者，接納一種文化（生活方

---

❶例如在一九八四年八月十九日至二十五日在臺中召開的"第一屆世界中國哲學會"上。參見作者在是次會議上之論文：〈從方法論的觀點看，中國哲學的關懷與世界文化的問題〉。另見本文❼所引論文。

式）往往可以只在必要時為之，在方便時為之，或者在有利時為之；可以全心全意為之，三心兩意為之，甚至無心無意為之。通融並納的要義在於不一概抵制，不全面排斥，不一味反對。這樣意義下的「世界文化」已經在全球的重要地帶造成人類文化史上的空前現象。(2)任何一種傳統文化都不一定是（而且往往一定不是）一種單一純淨的品種。一種文化的大傳統中，往往雜陳並列着性質不盡相同的小傳統；在一個或幾個顯性的文化主流之後，常常涵藏着其他隱性的小支流。不但如此，大傳統與小傳統之間，顯性的主流與隱性的支流之間，不必是絕對的劃分與對立。有時可以異位而居，顛倒綜錯；或者交流合併，創造出新的傳統來。「世界文化」與地區文化之間的關係亦然。今日「世界文化」的發揚與主導並不表示地區文化的全面敗落或滅亡；也不表示它不會有朝一日幡然轉向，或由其他某些文化傳統取而代之。(3)在一般所謂的傳統下，文化從來不是一個封閉的系統，更談不上是一種一貫的系統。一般我們所聽說的「統而攝之」和「一以貫之」，往往是用來強調重點多於用來報導事實，用於刻劃理論的要目多過用於描寫體系的邏輯性質。同樣的，「世界文化」也是如此。它不是一個封閉的生活方式的體系。它也無從講究邏輯的一貫❷。它像其他文化傳統一樣，一直在伸展演化之中（直到衰滅敗亡為止）。在這樣的演進過程中，它可以收納並蓄各種地區性的文化中的種種成素；甚至有朝一日脫胎換骨，喪失它今日的獨特面目。

　　上述這種全球性的文化之濫觴、成長與壯大是件有目共睹的事，不必由我們在此多加舉證。它之所以如此聲勢浩大，蔚為風氣至少由於下列幾種因素所促成：

　　第一，知識和資訊的急速傳播與普及推廣。今日，發生在世界上

---

❷不能講究邏輯的一貫，並不等於無法達成心理的一貫。

的遙遠角落的事件，可以在瞬息之間打進我們的知覺意識之中。雖然我們的身體也許依舊困居一隅，但是我們的見識、心懷和精神卻可以廣被四方。戲劇性地說，這個世界縮小了，可是我們個人卻放大了。我們不只是個「地方人」了。我們現在也是個（而且更是個）「世界人」。

知識的普及與推廣更加不可忽視。各級教育一般化的結果，導致知識的平民化，甚至通俗化（或低俗化）❸。這種趨勢的發展加上科技進步的結合（見下文），促成一種顯而易見的「知識實用觀」（知識有用論）。於是重知識成了當今世人的重要心態。可是知識是不分（或可以不分）國界、人種和地域性的文化傳統的，在知識的追求之下，一方面「世界人」之間存在着一種極為堅實的心態基礎，另一方面也令地域性文化傳統中，固有的習俗信念、宗教與一般價值肯定，在重知識重經驗的趨勢之下，相對地減低它們在文化中的比重。從這個角度觀察，今日的「世界文化」具有一種重知識和重經驗的特質。

第二，科技的大力發展，帶來實用上的器物與產品。這類器物產品的方便，引起人們對科技的熱烈崇尚。熱烈崇尚科技雖然也帶來一般人對科學的盲目崇拜，引起一般人對科技與科學知識和科學精神的錯亂混淆。但是科技產物的普及和推廣，却使世人通過它而增強彼此的親和性。人類有史以來首次有這麼大的比例的人口享受着高度科技的產物。科技不但在許多情境下幫助縮短一個社會中不同階層間的距離，而且也常常令國與國之間、民族與民族之間，以及文化與文化之間的藩籬變得更容易踰越和消解。今日的科技產物幾乎可以做到沒有文化的界限，它帶給世人共通的操作原理和操作方式，共通的使用規

---

❸這個趨勢可惜也導致知識份子一般素質的降低。不過，此點並非本文直接關切的對象。

則和使用習慣，甚至共通的價值鑑定和價值理想。科技在當今的世紀爲人類創造出一個共通的天地。它是當今的「世界文化」中的一個甚爲顯性的層面。從這個觀點看，今日的「世界文化」具有一種重科技和重通用的特質。

第三，商業行爲的發達和廣開市場的競爭最是一股不可忽視的動力。在這類的經濟操作之下，人類的生活方式（特別是思想方式、行爲模式和價值評判）產生巨大的改變。尤其是在消費主義的興風作浪，以及大衆文化——消費主義常常是大衆文化的一個支柱——的風行氾濫之下，尚新求奇，爭尖鬥利，注意發明，着意變化，迎合求寵，跟從大衆口味，進而微妙誘導，市場控制，製造大衆口味。在這種以經濟勢力爲後盾，以市場消費做考慮的滔天大浪裡，許多地區性的固有文化傳統——尤其是文化傳統裡的種種固有權勢與權威，常常變得秋風落葉，蕩然無存，卽使人們着意保存，力圖維護，往往也力竭效微，事倍功半。經濟的力量和商業的事實淹沒其他一切，或將其他一切變形轉化，降低其地位與相對的重要性。於是世人除了追求經濟利益，熱中短程成效之外，也養成通融求效，不講究堅持已見，貫徹到底的習慣。所以除了急功近利之外，「對話」、「協商」、「交流」、「溝通」、妥協和通融，也成了當今「世界文化」的一大特色。

我們還可以繼續列舉形成當今的「世界文化」的其他成素，以及這種文化的其他特色。但這不是本文的主題。我們所要指出和提醒的是，在這種逐漸成爲不可抵擋的「世界人」的生活方式（「世界文化」）之中，各種成素和各種特點的互相振盪和彼此加強，已經明顯地標示出涵藏在這些現象背後的特徵。如果我們不怕抽象推廣會引起誤會，可以將這些特徵簡單歸結如下 （排列次序不直接代表其重要性的程度）：經驗主義、實用主義、平民主義、個人主義、自由主義、民主

主義、反權威主義(至少「平權威主義」)、「小功利主義」(「急功近利主義」)以及價值多元主義等等❹。當然這些思潮與作法並非互相排斥,各種主義在不同地區和在不同的發展階段上,其重要性也常常略有不同,甚至大異其趣。

值得注意的是,這樣的文化發展趨勢正在滋長發揚,方興未艾。說不定有朝一日,我們不但可以將它當作「全球文化」,甚至進一步認定它是種「普遍文化」(以別於地區性的「個殊文化」)❺。

我們一定會發問:這裡所說的「世界文化」不是明明白白的西方文化嗎?

從發生的根源着眼,當今「世界文化」的許多特徵的確是現代西方文化的延長和再生的結果。即使有些方面(比如實用主義、小功利主義等)在某些其他的地區性文化中,雖非完全陌生,但是也因為是在西方文化的興風作浪與激盪加強之下,才顯得更突出,更明確,更成為主導性的力量,變成了顯性的生活方式(文化),支配着世人的思想與行為。從這個角度去看,我們的確可以說,當今的「世界文化」是種「西方文化」——是一種以西方文化為主要誘因和主導力量在各個地區促發、激盪、融合、同化而發展出來的生活方式。

可是我們在發問上述問題的時候,不要忘記同時也得如此發問和設想:今天我們那一個人或多或少不是在這種「世界文化」中的「世界人」?我們還有那一個人只過着傳統固有的(中國文化的)生活方式?我們有那一個人真正屬於固有文化中的中國人的純粹品種?!

---

❹價值多元主義並不一定就是「價值相對主義」。當今的價值多元主義往往只涵蘊着價值上的容忍主義或通融主義。

❺如果尋找英譯,我們恰好可以將「全球文化」與「普遍文化」都稱為「universal culture」,雖然前者也可以稱作「world culture」(以別於「popular culture」)。

所以，在舌戰筆爭，辯論不休之餘，歷史靜悄悄地爲我們提供一個自然的了結。現在我們再也不必多費心思考慮復古或尚新；再也不必競爭談論「中體西用」是否應該，或者是否可能；再也不必爲「全盤西化」搖旗喊吶或口誅筆伐。我們現在的着眼點移升了。現在我們所要計較考慮的是怎樣在這個「世界文化」之中，扮演一個「世界人」的角色❻。

二、「世界文化」中的「世界哲學」

在「世界文化」的風行浪淘之下，以西方的傳統爲主流的哲學思潮與哲學方法，也逐步在世界各地流傳、紮根和穩步成長。它漸漸地排擠許多地區的原有哲學，或將之孤立、壓迫與改造。時至今日，它的本源與歷史成了各地哲學工作者的（哲學）知識和（哲學）靈感的泉源；它所標示的問題成了一般公認的哲學問題；而它所孕育、發展和建立完成的方法，也逐漸被舉世的哲學工作者所認定、接受與採用。我們可以說，正像有種「世界文化」正在蔓延滋長似的，同樣地，有種「世界哲學」也正在散佈流傳，蔚成風氣。

舉個例子來說，在當今我們的哲學課程中，有許許多多的課目，教的是西洋哲學的內容，可是卻不必在科目名稱之前冠以「西洋」字樣。我們稱「哲學概論」而不叫「西洋哲學概論」；稱「形上學」而不叫「西洋形上學」；稱「語言哲學」而不叫「西洋語言哲學」……。我們似乎無意間假定——甚或自覺地認爲——正像科學的知識是沒有中西之分一樣，哲學的知識也沒有（或不應該有）中國與西洋之別。

---

❻由前文可以推知，這話並不表示我們因而也就必須完全放棄中國文化；也不表示我們從此不再是中國人。

哲學應該是超越地域性的文化傳統的，它應該是人類普遍的學問。正如「世界文化」可以被看成是種「全球文化」，甚至進一步成為「普遍文化」；上述的「世界哲學」也常被看成是「全球哲學」，甚至被看成是我們這些「世界人」的「普遍哲學」。

當今在我們之中，不乏懷有上述見地的哲學工作者。他們認為哲學不但沒有國界之分，而且也不應該有地域性之別——尤其是哲學的問題與哲學的方法，更是如此，而且理應如此。

在「世界文化」的氾濫之下，「世界哲學」的濫觴發揚顯然不是沒有原因，也不是沒有理由的。第一，哲學是文化的一部份——雖然它常常是開拓文化境界，指導文化理想的高層部份——當世人接受西方流傳而來的文化之時，根源西方的哲學思想與哲學方法，至少甚難強加排拒。就我們自己所經歷的例子來說，「中體西用」的失敗，不是因為筆戰舌辯的結果，而是（上文所暗示的）在因果關係之下，歷史提供的自然了結。第二，更重要的是，在積極上哲學思想往往為一種生活方式（文化）提供其合理化的依據和價值理想上的指導。比如，民主人權的要求背後，有政治哲學的思潮在活躍；道德哲學上的理論，提示人類行為的價值根據等等。因此，在「世界文化」之下，一種「世界哲學」的形成，往往不只是由於消極不加排拒的原因使然；有時更是根據自覺有意的理由有以致之。

值得注意的是，哲學正好像其他文化現象似的，在大傳統中，容有小傳統；在主流明顯呈現的時候，旁支別派也不一定就得隱形匿跡，不能並存齊長❼。

------

❼不僅如此，哲學比任何其他文化因素更具有封閉自存的性質。參見作者所寫＜中國哲學的發展方向問題＞，收錄於≪哲學的智慧與歷史的聰明≫（一九八三年），頁一一三～一四五。

不過，哲學畢竟是比較高層次的文化產物。它不像大衆文化似的，一瀉千里，不可收斂。「世界文化」中的「世界哲學」，比較起來，發展得看似緩慢，缺乏破竹掃葉之勢。然而，如果我們放眼今日哲學界的普遍現象，當不難發現一種約略可以稱爲普遍而沒有區域性的哲學心態和哲學思路正在到處立足盤據，壯大成長。「世界哲學」成了當今之世不可加以忽略的心智現象。

那麼，這種「世界哲學」具有什麼鮮明的特色呢？讓我們以其中一個主流爲例，加以觀察。而且在做此等觀察之時，特別着重哲學的「實效層面」——它用來建立生命情操，標定人生價值；以及爲人類的文化產物，特別是知性建構提供生成基礎和證立依據的功能❽。

十七世紀是西方哲學傳統的一個重大轉捩點。實驗科學興起帶動了伽利略式的機械觀擡頭。以宗教獨斷爲中心的文化模式逐漸滲入異質的革命因素。哲學與神學密切結合的景象慢慢瓦解。哲學不再充當神學的侍僕。尤其是文藝復興以來，有識之士要返回古典的研究，重新發掘人生的意義和文化的價值。哲學也在這種風氣之下，重新呈現出一副新的面貌。

笛卡兒一方面要照顧中世紀遺留下來的文化價值（尤其是宗教信仰），另一方面却又熱中於經驗科學的開發與維護。因此在懷疑的精神開始到處彌漫的時代，他試圖從根底深處重新建立人類知識（可知可信）的瓊樓玉宇。他大力宣稱要以極爲嚴厲的懷疑方法（包括「做夢假設」和「惡魔假設」）去懷疑一切，直到他找到有不可懷疑的支點（阿基米德定點）爲止。他找到了——找到的竟是在思想的「我」！

這段往事，我們全都熟悉。但是值得注意的是，有了一個定點，阿基米德就眞的能够移動地球嗎？他憑什麼力量來移動地球呢？接下

❽作者區分哲學的「唯美層面」和「實效層面」。參見❼所提文字。

去的故事當然也是我們所熟悉的。然而，笛卡兒這一努力所帶來的哲學結果，以及由此而發展出來的哲學傳統，却令人耳目一新，甚至令人驚異不已。

第一，哲學不再是神學的侍者。正相反地，上帝成了哲學要求的保證。等而下之，上帝成了用來堵塞哲學論證的缺口的方便之計。我們只要想想笛卡兒以及巴克萊等人的哲學體系，就明白這時上帝在哲學上的理論地位了。

哲學與上帝易位而居之後，哲學拋離上帝而起飛，也就變成輕鬆自由的事。哲學解脫了，可是它又有何歸屬？它飄向那裡呢？

第二，笛卡兒找到了「我」。但是，原來「我」只是一片心靈。可是心靈的地位怎樣？它在宇宙中（或在個人裡）又該歸屬何處？這些雖然一開始就是謎樣的難題，可是自此之後的（西洋）哲學傳統，却又擺脫不開笛卡兒這個發現。比如自洛克以降，知識論的探討總是在「表象主義」之下打圈圈——觀念、印象、所與、感覺基料等等——就是很明顯的例子❾。 即使像休姆這樣的大家， 在研究「人身等同」問題的時候，也落入追問「心靈」等同的窠臼。又如像近人大談特談的「我外心靈」問題，也是笛卡兒傳統下才呈現的問題❿。我們可以簡單地說，現代西方哲學傳統，絕大部份是笛卡兒主義的餘波蕩漾！

第三，我們都知道，知識論的探討與經營是三百年來現代西方哲學的最大特色。這是很有原因的。簡單地說，這是表象主義的哲學歸結。比如，在表象主義之下，「事實」與「價值」之間，不但鴻溝難

---

❾此處所謂表象主義，指的是以心靈中的觀念、印象、所與、感覺基料等表象，充當人類經驗知識之生成基礎甚至證立根據的哲學主張或哲學方法。

❿因此，作者一直主張將 other mind 譯爲「我外心靈」，因爲這問題（至少此問題的當今樣式）是笛卡兒的「我」才帶引出來的。

越，儼然對立；甚至價值的談論成了無法客觀，進退失據的事。眞理必須客觀（這點並非不可），而客觀來自外界——心靈之外的世界（這點則大可辯論，因爲它已經假定笛卡兒式的架構），所以只有外界的經驗知識才是眞理（這個結果就大成問題了）。

困難的是，自笛卡兒以降，知識的確然性問題被處理得過分膨脹。就是經驗論者，雖然明白論證經驗知識的蓋然性，也不免熱中追尋知識生成基礎的確然根據。於是笛卡兒式的心靈意識內容（表象）又負荷了額外的重量。表象的內容是最後不可懷疑（笛卡兒），顚撲不破（包括近代經驗主義者）的知識基底。但是，表象不是內在的嗎？不是個人私有的嗎？於是什麼獨我論問題，什麼我外心靈問題，統統回流。笛卡兒的難題又走了一個大循環。

把知識的生成基礎放在心靈意識中的表象，終於產生一個弔詭性的結果：笛卡兒所開創的現代哲學本來力圖維護現代科學的可靠性。經驗主義的興起更將知識論開發得淋漓盡致。至今，我們可以說，現代哲學的主流幾乎全被知識論所壟斷：哲學離不開知識論，甚至更進一步，哲學就是知識論；可是由於知識的成立根底落到內在的表象之上，終於令人類的認知判斷無法由此脫身，回到外界存有的眞實層界。慢慢地，笛卡兒主義變得無法與科學掛鈎，就連在此大傳統下的經驗主義，都變得與經驗科學的追求，彼此沒有相干。這是現代哲學無力感的來源：一方面無從談論價值問題，另一方面談起事實問題却又愈演愈與科學疏離無關！

第四，自從笛卡兒倡導尋求阿基米德定點之後，哲學家不再只是滿足於在汪洋大海中，修補古船的破洞。他們要在驚濤駭浪裡，將船隻拆成散片，從頭釘起！哲學家夢想着建構「不帶預設的哲學」，而未立刻察覺此種企圖不是終究註定失敗，走入懷疑主義或虛無主義的

難關，就是移向感覺主義或表象主義的困境；否則，只好投身形而上的獨斷主義，而與自己原來之試圖與主張，逕庭牴觸。事實上，當巴克萊喊出「存在即（被）知覺」的口號時，笛卡兒主義的現代哲學傳統已經響起了喧鬧的警鐘；休姆的透徹分析，更將此類困境指認無遺。

　　如果從這個觀點看來，像本世紀邏輯實證論的努力、變革與失敗，就是意料中事（現象學的情況似乎亦復如此）。文化像隻古舊的船，當初在岸上建造的時候，也許基於需要的迫切，也許因為發明的好奇，總是站在獨斷的陸地，而無滅頂之虞。等到船隻建成，下水浮游之後，就得注意水流與風向，不再能像在陸地時一樣，隨遇而安。這時船身即使殘破斑駁，也不一定立即有港灣船塢可以停靠。可是當船隻遇有危難，不必然就得棄船逃生，更不可能將它當場解體重建。我們往往必須（而且只能）就地修理，繼續前行。文化中的建構，尤其是理論的體系，也是如此。哲學是文化的一環，它又特別重視理論體系，而且試圖為種種文化建構提供生成基礎和證立根據，情形更是如此。尤有甚者，哲學不但要檢驗其他文化建構，哲學也不時用來檢驗哲學本身。套用現在流行的術語來說，哲學和「後設哲學」之間並沒有（而且往往不可能有）嚴密的區分❶。所有哲學體系都含有形上學的獨斷和方法論上的獨斷（否則哲學的論證不是流於循環論證，就是步入無窮後退。不然的話，就得演成無法自圓其說，變成前後矛盾）。問題是，形上學和方法論也必須可以公開給哲學的批判：我們可以自覺地比較可欲的形上主張代替比較不可欲的形上根據；以比較完善的方法論取代比較不完善的方法論。

――――――
❶我們無法只用「內部問題」／「外部問題」的區分，就輕易解消這一難點。值得重視的是，在哲學上，外部問題也一樣是哲學問題！

所以，在此二十世紀已近尾聲，二十一世紀就要微露曙光之際，「世界哲學」漸漸呈現一些清新可喜的趨勢。其中最值得我們注意，而且理該受人稱道的，至少有下列二端：第一，形上學上的容忍主義，以及進一步之形上學上的多元主義⓬。第二，方法論上的自覺精神，以及由此衍生出來的開放態度。這樣的趨勢一方面是從探討尋求解決哲學內部的困境之努力中，產生出來；另一方面，也在當今「世界文化」的一般風氣裡，賴以加強；同時，它又可以反過來回饋整個「世界文化」，充當其合理的支援和依據。兩者勢必互相激盪，蔚成大觀。

三、「世界哲學」的普遍性與中國哲學的未來意義

——中國文化的處境：從西化到本土化的廻轉

上述「世界哲學」的趨勢具體地表現在當今哲學家們所選擇關懷的問題和學理之上；更明顯地表現在他們如何重新定位問題，以及重新選擇透視角度來處理問題之上。有幾個不容忽視的哲學景觀可以用來充當我們的例釋：

第一，今天對於「主體性」的探討從多種角度出發，殊途同歸，演成在方法論上進一步的自覺。尤其從科學的哲學的角度所做的闡揚，打破了狹窄的經驗主義和獨斷的客觀主義，為日後的哲學開闢更寬濶的視野和更多面的透視。雖然目前這方面的探索仍然大量集中在「認知的」主體性的研究之上，但是「價值的」主體性，包括「道德的」主體性之重新探究和深入闡釋勢必接踵而至。

⓬參見❹。同樣地，形上學的多元主義和形上學的容忍主義並不涵蘊形上學的相對主義。

在重新正視主體性的風氣之下，哲學的領域呈現了許許多多的新貌，也生出了各種不同的新事物。例如，新的人本主義之擡頭，以及所謂「結構主義」在諸多種類的領域中的冒現與作用就是。底下所要陳示的第二與第三兩類現象，也與此一風氣密切相關，甚至互相加強。

　　第二，實用主義和解釋學的再擡頭：以往的實用主義被人擱置在頗爲狹窄的層面上。有人甚至只將它視做「眞理論」的一個型態而已。把實用主義安放在狹隘的視野，容易引起錯誤的印象和不當的應用。過去曾有人大力攻擊實用主義，將它當作直截了當的相對主義，就是一例。而今，哲學界從多方面的探索，又逐漸在哲學的根基上體認實用主義的新意義。這種重新肯定的論旨，與其說是種形上學上的實用主義，不如說是種方法論上的實用主義。它雖然強調更開放的存有論（本體論）上的假設，可是更重要的是，它指出一切理論（當然包括哲學理論）在建構起點上，在結構條件上，以及在證立原理和證護方法上，全都可以有多樣的選擇，而不是只有單一的定點和確然的最後根據。隨着「識野」的開展，透視角度的更易和綜合，理論的景觀可能（而且往往必須）跟着加以調整和變動。我們沒有天生統一的識野，也沒有先驗不可懷疑的透視角度。

　　這也是目前解釋學所衍生出來的重要貢獻。當代的解釋學從狹義的「解經學」超脫而出，對哲學論說的意義問題與理解問題，提出方法上的闡釋。像上述方法論上的實用主義似的，當今的解釋學上的論旨，多是哲學方法論上的主張。不同的是，後者更注重像「識野的消融」這類廣含性的方法論問題。解釋學的展開，引發更深層的方法自覺，也引起更開放的理論建構上的斟酌❸。

---

❸當然，方法論上的多元主義常常帶引方法論上的容忍主義，但卻並不直接涵蘊方法論上的相對主義。

第三，自從笛卡兒式的確然性尋覓無着，不含預設的哲學體系開發不成，哲學家漸漸重視方法論的檢討反省以來，現代哲學傳統下那種「罷黜」百科，獨尊知識論的風尚慢慢式微。現在，卽使經驗主義者也開始容忍形上學，甚至積極地正視它。其他的哲學領域更是如此。比方，近數十年來一直被排擠到哲學角落的道德哲學（不是狹義的後設倫理學）、藝術哲學和一般價值哲學，也一步步生氣活潑地「「文藝復興」起來。哲學家在方法論上解放了，視野和心胸也通達寬暢起來，東方的哲學也漸漸受西方哲學家的認眞對待，再也少有人敢公開斷說中國沒有哲學。不僅如此，近十幾二十年來，倫理學、社會哲學和政治哲學研究的改弦更張和澎湃發展，使哲學的探究又與現代人的經驗產生密切相干。尤有甚者，哲學方法論應用到種種科學和其他科學——比如解釋學應用於社會學、結構主義應用於文學等等，更使哲學與其他學術關聯起來。這是一個很大的轉機。

說來似乎詭異：「世界化」並不導致齊一化，反而引起多元化（或「可多元化」）。因爲它避免了極端化（兩極化）的傾向，消除強烈對立的態度，而採取了一種容忍、對話和互相瞭解的做法。所以，「世界化」並非大一統；它不是一味排斥固有的區域哲學；它注重兼消包容，它所要排斥的是傳統中的——包括西方現代哲學傳統中的獨斷。

所以，如果我們擔心「世界文化」中的「世界哲學」的普遍性，我們不要忘記：第一，「世界哲學」正在形成創建的過程中，而且還要不斷繼續發展下去。將來的走向與逐步的定型（以及再發展與再定型），有賴關心「世界文化」的哲學家進一步的努力。第二，目前「世界哲學」的精華是哲學方法論上的容忍多元態度，以及開闊哲學識野上的——標定哲學問題，採納系統根基上的開放精神。今日的「世

界哲學」雖然有濃厚的西方文化的基調與色彩，但它的逐步形成不只是起於西方哲學對其他區域哲學的攻佔強奪，更重要的是出於自己的批判揚棄。所以，今天任何區域性的哲學都可以參與提升「世界哲學」的普遍性。 事實上， 當代中國哲學的工作者， 必須着眼於普遍性的「世界哲學」識野，關切「世界哲學」的普遍性的提升，他的研究成果和哲學方向才容易帶引中國哲學走向現代化⓮。

在中國的學術領域裡——甚至在一般的文化原野上——我們觀察和經驗到一種富有歷史意義的現象。粗略地說，我們可以稱之爲「從西化到本土化的廻轉」。但是這種廻轉並不是對西方文化的直接反抗。分析起來，它的精義在於通過對於中國文化的再思考和重新創作，彌補西方文化之不足。甚至再進一步，冀圖開創更加普遍與更加完備的「世界文化」。所以，在這樣的本土化的廻轉運動中，目的雖然不是排外，但却蘊藏對自己可望做出的貢獻之自信和肯定。比如幾年前，爲一群社會與行爲科學家熱烈討論的社會及行爲科學研究的中國化問題，作者就採取如是的觀點⓯。

在當今「世界文化」的脈絡裡，探討整個中國文化的重建、再生和出路問題，都應採取這類比較寬廣的視野和比較長遠的眼光。今後我們發展中國文化，當然絕非爲了迎合西方文化，但也不是爲了對抗西方文化。今後，我們應該以發展中國文化（生活方式）做爲一個實

⓮ 「現代化」是一個極爲複雜的概念。因此像「中國哲學的現代化」問題，是個多重的問題。我們可以從多個常常相關的層次來討論現代化，包括㈠「世界化」或可世界化，㈡文明化，㈢高品質化。其中每一層次又各有其多個子層次。作者將另文討論此一問題。

⓯ 也因此之故，作者在該項討論裏，一直主張和強調只有科學研究的中國化，而沒有科學的中國化。參見楊國樞、文崇一主編之≪社會及行爲科學研究的中國化≫，台北，一九八二年出版。頁一～三十。

例，甚至範例，來豐富「世界文化」，改良「世界文化」，甚至——如果我們有能力的話——指導「世界文化」。

整個的中國文化的未來發展取向如此，其中的中國學術發展，以及它的中國哲學發展，當然也應該如此。

所以，在當今的「世界哲學」的風潮之下，中國哲學的未來意義也就昭然明顯，不言而喻了：今後中國哲學的發展不應志在建立一個可以對抗西方哲學的哲學體系。今後的中國哲學研究應該着眼於補償「世界哲學」的闕陋，提升「世界哲學」的境界，拓寬「世界哲學」的識野，與其他地區性的哲學（自然包括西方哲學）合力共同指導「「世界哲學」的未來發展。這裡涵藏着中國哲學再建的方向問題——這是比較一般性的方法論中的一個大問題。在上文裡，我們業已試圖指出一個可行的答案來。

可是在當今的情境下——在當今「世界哲學」的開展階段，以及在當今中國哲學的現成局面下，我們的中國哲學工作者要如何着手進行，才能真正令中國哲學的未來發展，在「世界哲學」的開拓中，具有上述的意義呢？

作者將這問題看做是方向問題確定之後的方略問題。那是比較狹義的方法論上的一個技術問題或做法問題。

四、從方法論的觀點看中國哲學再建的方向　與方略問題

作者強調此一討論是從方法論的觀點着眼，主要理由有三：　第一，討論今後中國哲學的再建方向，同時也可以從實質內容或題材上着眼。比如我們是否應該優先拓展儒家哲學，或者是否應該全力開展中國的價值哲學等等。方法與內容雖然互有關聯，但却可以分開處理。

第二，作者認爲當今「世界哲學」的一大特徵就是方法論的覺醒、再思與開放。將來中國哲學要能在「世界哲學」之中參與發展，舉足輕重的話，首先我們必須提倡中國哲學研究的方法論之自覺。第三，目前我們的哲學界已經漸漸有人談論中國哲學的現代化，但大多在實質的內容或題材與問題的範限與普遍性上着眼；卽使不是，也常因爲注重題材的闡述，而未能將方法上的考慮突顯出來，加以特別討論。因此，本文有意探取一種對於方法與方法論特別加以專注的取向。作者當然沒有假定（更不會斷言）只要方法論上的路線正確，中國哲學的未來拓展必定順利成功。但是作者的確擔心，如果缺少方法論的自覺，我們可能還得虛費甚多的光陰與精力，甚至錯失了及時參與「世界哲學」共同發展的機會。

　　在方法論上，作者信持着一個基本的假定。那就是：方法的產生和引用可能有地區性的背景和因素，但是方法的合理性和對確性却沒有地區性的限制。我們可以將它稱爲「方法的中立性假設」❻。這裡所說的方法是指一般性的解決問題方式，或原則性的處理問題程序，而不是指技術性的器物利用，或特殊性的官能運作。而此處所謂解決問題方式與處理問題程序，包括發明發掘的方法和核驗給證的方法。

　　我們必須在此立卽聲明：方法中立的假設本身並不涵蘊方法論本身沒有日益求精的「進步性」。在歷史或地緣的某一定點上被接受當作合理的方法的，不一定在另一定點上被當作同等合理地加以接受，而不需要補充和改進❼。上述的中立假設只涵蘊：若在一個時空的定點上是合理的方法，在另一個定點上照理也該是合理的；如果不是的

────────

❻作者曾經在其他地方提出此一假設。參見❼所引文字。

❼比如我們推論不出：西方發展出來的方法可以直截了當地應用到東方哲學之上，而具有同等的有效性。當然，反之亦然。

話, 那麼該方法在前一定點上, 也不是人們所想像的那麼合理!

這是因爲方法的產生, 以及方法論的形成, 並非憑空臆造, 無中生有的。方法是在解決問題的活動中產生出來, 進而回到問題的解決活動裡加以考驗的。問題的認定、分類、陳構(表陳構作)以及嘗試解決, 直接塑造方法的內容結構和方法論的原理原則。可是我們一般比較重視學科的分區領域裡的方法論, 以及文化或傳統分區領域內的方法論, 而忽略以問題分類爲依據的方法論。這種選擇注意的辦法, 有它實用的基礎, 因而情有可原; 可是它也在無意之間引起某些基本的誤解, 所以仍然有待提醒指正。

其中一個基本誤解就是: 誤以爲方法乃基於題材的範圍應運而生, 因此至今在某一題材範圍以內頗有成效的方法, 在未來應用到同一範圍內時, 也將有類似的成效。殊不知問題的改變往往可能令某一方法以往曾經有過的有效性, 大爲改觀。所以, 我們得注意, 即使所謂題材範圍能夠明確加以標定, 我們也不要只顧計較題材的內容而不考慮問題的種類與性質。就哲學而言, 即使我們已有足夠理由斷定中國哲學與西洋哲學同屬哲學的題材範圍, 難道我們可以不注意兩者所要解決的問題是否種類有別, 就斷言在兩方面各自發展出來的方法, 可以互相取代, 交替使用?

在此, 作者要提出另一個方法論的主張。它是針對理論(而不是方法)而發的⑱。

某一題材範圍內的理論, 是構作來面對該題材範圍內的問題的。一個理論對於某一題材範圍的涵蓋程度, 就看它能應付該範圍內的多少問題而定。可是在任何一個題材範圍裡面, 問題所構成的集合, 都

---

⑱當然方法論本身也是一種理論。雖然方法與理論有別, 但是一個理論的構成和證立, 不可避免地牽涉到某種方法的運用。

是一個開口集合——我們事先旣無法確定一個題材範圍到底涵藏着多少問題，更無法先驗地指出，到底那些問題屬於某一題材範圍裡的問題，另外那些問題則不是⑲。所以，任何一個理論，不管它對某一題材範圍內的現有問題處理得多麼妥善，我們也無法據之認定該理論，在該題材範圍內，是個「完備理論」或「完整理論」。因此，作者提議將一切理論，不論它發展的成熟程度如何，全都當做針對某一題材範圍的「部份理論」或「局部理論」。我們可以將此一假設，稱爲「理論的局部性假設」⑳。

在這個假設之下，我們可能因爲應付更多新問題，而擴大原來理論的涵蓋程度；我們也可能設法整合不同的理論，而成就應用範圍更廣的新理論。但是，不論如何，所成的理論仍然是個局部理論，因爲相干的問題集合仍然是個開口集合。對於中國哲學與西洋哲學的內部擴充，以及兩者之間可能的交流整合，我們也要做如是觀。

可是，除非在簡單的特殊情形下（比如，其中一個理論吞消另一個理論），兩個理論的整合牽涉到新概念的介引和新關係的釐定（後者可以兼消於前者之中。關於此等整合的「邏輯」結構，見上註所引論文），可是這些新概念和新關係要到什麼地方去尋找發掘呢？這正

---

⑲ 「問題」是個認知概念，它並不等於「問句」，後者是個文法概念。我們知道一個語言內的問句數目的上限是可以決定的。

⑳ 把此一原則稱爲「假設」，目的在爲底下這種特殊情況保留餘地：指定一個閉口集合（尤其是有限集合）的問題，做爲某一理論的固定對象，而不加以改變。不過我們在本文中「假定」我們一般所注目的理論，並非如此。作者在社會及行爲科學研究的中國化討論中，提出此一假設要旨，但却出以不同的角度與證據，因此也給予不同的名稱。那時稱之爲「經驗理論的無法完整性假設」。參見「從方法論的觀點看社會科學研究的中國化問題」，收錄於⑮所引一書之中，頁一～三十。值得注意的是，從上文分析可知，「中國化」與「世界化」是同一問題的兩個層次。

是當今中國哲學現代化和世界化的大問題。也正是作者心目中，中國哲學再建的重要方略問題。

讓我們簡單討論兩個基本的取向：

第一，採取西方哲學裡的概念，重新「解釋」中國哲學。比如，新實在論流行之時，就以其基本概念架構，解說中國哲學；邏輯實證論崛起，拿它倡議的原則，消解中國哲學問題。或者把儒家解釋爲康德主義者，甚至將宋明的心學家說成是西洋經驗主義的唯心論者等等。這類的努力，雖然動機明顯，但是卽使意圖正確，往往也不能達到將中國哲學世界化的目的。因爲中國哲學與西方哲學這兩個「局部理論」系統，往往面對着不同的問題，兩者各自的理論卽使自圓有效，也不一定能兼消另一理論。如果沒有事先將西方哲學的概念提升到更高層次，或擴大它的含涉內容——但這時已經超離原來的體系意義——很難直接用來解釋中國哲學而做得恰到好處。如果強做執行，所得的結果往往不是中國哲學的世界化，而是中國哲學表面的西方化。這時，做不好的淪爲「畫虎」；卽使做得通順流暢，往往也不過流於「畫蛇」而已！

然而這種牽強附會，並非完全白費。在邁向世界化的過程中，這也許是難以避免的試誤過程；因爲新概念的形成並非想像中那麼輕而易舉，以西方哲學現成的概念做爲方便的思想補助，未嘗不是一種學習的起點。不過，我們必須對此等作爲多加批判，心存自覺。否則它容易變成可有可無的概念應用練習，也容易將中國哲學的容貌弄得面目全非。

第二，力求在中國哲學的內部作理論的拓展，考慮所得的結果如何提升到超離地區性的限制，而能爲一般的「世界人」所瞭解、欣賞或接受。這時值得注意的是，我們不能只在故紙堆裡做工夫，不能只

是掉在「以經解經」的循環之中。當前有志於中國哲學內部理論拓展的工作者，必須能在哲學的思考之中，結合現代「世界人」的經驗，並且重視當前「世界文化」的趨勢與成就，尤其要能特別不忘當今「世界文化」中的學科（學術）發展。這樣，我們思考出來的哲學成果才容易保持在現代化和世界化的層次上，而不只是依然拘泥在傳統性和地區性的範疇裡。

前面我們已經暗示，中國哲學的工作者今後必須對哲學方法論具有更大的自覺。不僅如此，在拓展哲學理論之際，必須着力重建中國哲學的方法論。接着我們才能在「世界哲學」的層次上，共同開發更加完備的哲學方法論。

在第二個取向之下，許多工作有待中國的哲學工作者的努力開發。比如建立以民本為中心概念的政治哲學，建立以天、道為根源的系統形上學和價值哲學等等。不過，作者認為有一個領域特別值得我們重視。那就是在宋明儒學（心學和理學）的初步基礎上，建立富有中國色彩的「哲學心理學」與（或）「心靈哲學」。尤其在當今主體性的探討方興未艾之際，中國哲學家無可置疑地可以在這方面做出具體實在的貢獻。特別是當今心靈哲學的研究勢將改變二十一世紀的哲學面貌之關鍵上，我們通過這方面的成就，也就更容易參與未來「世界哲學」的開拓與經營。

上述兩個取向顯然有所區別——一個由西方哲學的現成概念出發，另一個把中國哲學的本土概念當作起點——但是進行起來却可殊途同歸。不過，作者認為我們需要大量投入參加第二類的工作，否則中國哲學的現代化容易淪於淺浮，當然如果完全欠缺第一類的工作，我們整個的計劃也許會流於艱難。如何做出平衡的配合，互補相成，這也是一個很重要的方略問題。

後記： 中國哲學的世界化與現代化，正好像任何歷史上的"運動"一樣，也牽涉到時機問題。我們若想要在施行上不遭遇過多的困難，則必須切實把握時機。假如不巧有一天中國人喪失了絕大部份的中國文化（生活方式），那時推行中國哲學的現代化與世界化，也就倍覺困難。在此，我們看到此事的緊急性與迫切性。

從方法論的觀點看——
中國哲學再建的方向與方略問題

一、中國哲學的走向問題

近百年來，有些知識份子曾經對中國文化採取一種懷疑的態度和否定的評價。他們基本上認為中國文化無法適存於現代世界，特別是無法面對西方文化的強力挑戰。在力求國家繼存和民族延縣的關懷之下，於是大聲疾呼「中體西用」，甚至「全盤西化」的口號。可是，數十年過後，今天我們回顧此等認識和該份關懷之際，我們已經站在極不相同的歷史高度，擁有大有分別的認知「識野」。

對於當代的知識份子而言，中國文化未來的發展問題，已經不再是固有文化或西方文化的抉擇問題，不再是復古或西化的衝突問題，不再是全盤西化（或「全心西化」）如何進行，以及「中體西用」有否可能等等的問題。今天，經歷大半世紀的時光流轉和歷史滄桑，通過數十年辛苦的思考反省和切身的閱歷體驗，尤其眼見中國的文化景象由自大自尊裏遭受的挫折與屈辱，進而彷徨，進而自卑，接着忙於調整，苦於適應，直到慢慢在求生圖存中走出一段可行的路，逐步再建自我的信心；以及反過來遠觀西方文化的處境，由展示人類知識和技藝上的最高成就，甚至代表世界未來的希望和理想，直到困難逐步滋生，敗跡無法簡單了結；於是我們觀看問題的角度調整了，我們關

懷中國文化的心情也跟着提升到另外一個認識的高度之上。今天我們已經不再是五十年前或一百年前的中國人，今天我們的文化（生活方式）也與那時的文化大異其趣。所以我們今天關心中國文化的未來走向時，我們的心情，我們的認識，我們的眼光，以及我們的胸襟，也都迥然不同了。

中國哲學只是中國文化的一個環結——雖然它是很特殊，也很重要的環結；我們對它的未來發展，在心情上和在認識上，也與過往迥異：我們的眼光不同了，我們的胸襟提升了。

二、「世界文化」與「世界人」

在歷史的進展過程中，任何一種文化都很難保持它純淨的品種。除了品質與性格極不相同的文化之間，經常也有局部性的交流、侵蝕或通融之外；看來類格同質的文化傳統本身，往往也處於動態的自我嬗變的過程之中：在大傳統的支配和籠罩之下，不同的小傳統可能正在沖激振盪，改變着大傳統的枝葉和末梢；在主流的帶動與引導之下，另外潛藏的支流或許正在廻潮轉彎，影響主流的進行方向。文化傳統全是如此常動的，而絕非靜止的，中國的文化傳統自然也是如此。

中國文化自從商周的初步定型，經春秋戰國之「百家爭鳴」，再到秦漢的一統與爭執，而後唐宋的吸納與兼融，直到今日的轉型求變，全是在嬗遞整合的過程之中。雖然舊時號稱為中國文化的，常以儒、道、釋三家所啓發的生活方式為代表，但是在這些主流之外，像法家，甚至墨家、縱橫家等所標示的生活方式，也潛伏在中國文化的大流之中，有時甚至具有很明顯的支配作用。不但如此，所謂中國固有文化，事實上在不同的歷史定點上，具有不同的內涵意義，它一直是中國疆

域裏諸多民族的各式各樣的生活方式的大熔爐，而且也屢次通過與中國疆域之外的民族之來往交通，吸收融會其他的文化。

　　從這個觀點看來，近百年來中國文化原野上所發生的景象，並不全是這個時代的獨特現象，完全沒有前例可援。近百年間，西風東漸所引起的摩擦、抗拒、迎合、調整和適應，這在人類文化史上是種司空見慣的事。不同的只是，有時候文化的整合與再生自然暢順，另外有時候却困難重重。因此，有時我們在切身的關懷之下，容易演成強烈的反應。倘若我們能夠在一段適當的時空距離之外回顧歷史，我們的認知判斷往往會更加客觀，我們的情意反應也常常變得比較穩當。幸運地，對於中西文化的論辯，我們現在正站在可以比較容易客觀和比較走向穩當的歷史交點之上。

　　同樣是關懷中國文化日後的走向，以及將來的延續與再生的問題，比起五十年前甚或一百年前，現在我們可能採取一種怎樣的比較健全的「識野」和更加通達的態度呢？

　　前面說過，文化都在常動的嬗變之中，沒有一種文化在任何歷史定點上可以稱為絕對意義的純粹品種。假定我們將歷史的參考點固定，我們的確可以比較確定地指涉某一文化傳統，對它典型的特徵加以標定。比如我們將鴉片戰爭這一時期（以一種宏觀的眼界，把它說成是一個歷史的定點）做為區分的參考點，將該時期之前中國人的生活方式稱為「傳統的中國文化」，而將生活浸染於該一文化裏的人，稱為「傳統的中國人」。（這時我們忽畧鴉片戰爭之前，在西學東漸之風氣下，開始嚮往西方文化的人）。那麼，讓我們發問：今天我們有那一個人是道道地地的傳統的中國人，現在那一個人所採取的生活方式是不折不扣的傳統的中國文化？

　　所以，當我們關心中國文化的未來拓展之時，我們顯然不是要──

而且也不可能做到——以傳統的中國文化來抗拒當今的西方文化，因為停放在博物館或者歷史陳列室中的古物，是不能拿來和現存的生活方式對抗的。這樣做是一種方法學上的失誤，正好像拿中國人的人生理想去和西方的社會現實抗爭比較是一種方法學上的謬誤一樣。那麼我們現在關心中國文化，到底有些什麼目的，我們是採取什麼樣的眼光和心境呢？

作者曾經在其他的地方指出，一種能夠爲我們約畧加以指認或定性的「世界文化」正在當今世界的主要地區滋長、蔓延和生根 ❶。這種文化（生活方式）雖然在起源上說，是一種西方文化，但是由於它崇尚科技，注意實用，講究知識，並且善於利用工商推廣；加上號召個人主義和自由主義等現代價值取向，很容易打動人心，使人失去抗拒。很快地，現在我們可以看得出，全世界所有主要的角落，全都彌漫在這種世人可以通融並蓄的生活方式之下——只是大家接納和侵染的程度有所不同而已 ❷。這種「世界文化」並不一定會（而且經常不會）完全取代發祥地區以外的地方文化。可是當它逐漸被世人普遍的消極容忍甚或積極接納之後，常常會影響甚而支配地方文化的發展趨向。目前中國文化顯然遭受這種世界文化的強力作用之中。不管中國文化未來發展較精確的方向如何，當今這種「世界文化」的冲激和導向，已經成了無法抽離排除的促生和發展的力量。我們再也無法回頭，在「傳統的」中國固有文化的起點上，重新出發，再次開始。

---

❶比如參見作者下列文字：(1)＜從哲學與其他領域的相關性看中國哲學的發展方向問題——論中國哲學工作者的未來使命＞《新亞學術集刊》，第三期，香港中文大學新亞書院，1982年。(2)＜從方法學的觀點看中國哲學的關懷與世界文化的發展＞，《哲學年刊》，第三期（第一屆世界中國哲學會論文集），臺北，1985年。(3)＜世界文化・世界哲學與中國哲學的重建問題——一個方法論的考察＞，《知識份子》，紐約，（1986年春季號）。

❷關於「世界文化」之形成及其特點，參照❶所引文字(3)。

　　除了我們的立足點和出發點已經與百年前大不相同而外，當我們論及中國文化的再生問題之時，也不能忘記今日我們所面對（以及生活浸染其間）的「世界文化」，也大大不同於當時在船堅礮利之下，充滿獨斷自信的西方文化。第一，在西方世界裏，由於通商、傳教、軍事和其他方面的需要，急速地帶動與其他地區的文化交流和人際瞭解。使西方人在必要時，卽使不放棄自己的觀點和定見，也必須同時參考對方的觀點和意見，以便令自己的表達或作爲更容易令別人信從或採納。這樣的交流往往導致不同文化的兩方彼此接納對方的生活方式（而不一定得放棄自己的生活方式），或至少同情對方的生活方式❸。於是進一步對不同的文化（生活方式），尤其是價值論斷（如道德信條）採取一種互相觀摩容忍的態度。加上這數十年來，西方世界在科學發展與科技進步的優越條件下，推動商業擴張，鼓動消費主義，加上功利主義、個人主義、平民主義與自由主義的推波助瀾，漸漸產生許多根本的文化問題，包括道德問題和所謂人的「疏離」問題等等。在難題重重，困境難渡的情況之下，西方人也努力在思索文化發展問題，甚至進一步反省、檢討和批判他們自己的生活方式。有的人更試圖從事其他文化（如東方文化）的探索，希望從中吸取彌補自己文化缺陷的藥方。

　　上述這類的心態逐漸形成一種開放的態度。最值得我們注意的是在這種態度之下培育出來那種不一味執着，不強調對立；主張通融和主張「對話」的精神。這在價值的領域裡（比如道德的脈絡中）特別值得稱道。價值的多元主義就是在這樣的心態下成長壯大的（見前註）。

　　第二，反觀中國的情境：在長年的調節與適應之後，逐漸養成比較成熟的心態。全盤西化是沒有可能的，也沒有這種必要，甚至也不

---

❸價值的多元主義並不等於價值上的相對主義。

是一件完全可欲的事。當然完全回歸傳統的中國文化也同樣沒有可能，同樣沒有必要，甚至同樣並不可欲。近十年來，臺灣的經濟運作和經濟成就，更使原來比較閉塞的中國人，眼界大開，識野也跟着增廣，甚至心胸也跟着提高。比如在知識的追求方面，臺灣的學界已經不再只是一味跟隨西方學界的後塵，亦步亦趨。在價值的遵從方面，目前我們也不再完全以西方的風尙做爲「現代化」的標準。不但如此，像日本以及其他某些亞洲國家或地區的成就，也直接間接激勵我們不必一味以西方文化馬首是瞻。百年來慢慢積壓的自卑，逐步有了解脫清除的機會，中國人又對自己產生了信心。像近十年來，「中國化」、「鄉土化」和「本土化」的努力，都可以做如是觀❹。這類努力的目的顯然不是爲了再建中國文化去對抗西方文化，當然更不是一種義和拳的幽靈重現。明白地說，當今中國人所恢復的信心是一種自認有能力在現代世界裏適存的信念或宣言；它不一定被自覺地關聯到中國固有的傳統文化之上❺。今天亞洲人的成就，到底主要是西化的結果，還是他們固有的地區文化因素使然；兩方面的比重、作用狀態和影響效應又如何等等，都是些尙未經過深思細究，當然更談不上已有明顯答案的問題。

但是不論如何，適存的信心本身就是不可輕易忽略的事──尤其經過長時期的挫折和適應不良之後，情形更是如此。今天，由於這類的信心，以及前述眼界的提升，加上對於西方文化困境的認識，令我們有機會、有條件和有心情放眼世界，檢討「世界文化」的得失。接着也許更進一步，考量中國人如何在承繼傳統文化之餘，吸取其精

---

❹參見楊國樞、文崇一主編之《社會及行爲科學研究的中國化》，臺北，1982出版。

❺中國固有文化對中國的現代化以及對中國人在現代世界中求適存的努力，到底具有什麼作用與影響，這是個值得深思的問題。

髓，奉獻到明日的「世界文化」的開展之上——使它更加豐富，更加合理和更加圓滿。這樣的見識已經不只是中國人的見識，這樣的抱負，也不只是中國人的抱負；那樣的眼光是「世界人」的眼光，那樣的胸襟是「世界人」的胸襟。今天，在「世界文化」的流傳風行之下，我們不僅是一個中國人，而且也是一個「世界人」；我們不僅要充當一個中國人，也必須努力成為一個「世界人」。

　　當然，我們不能憑空侈談參與開創未來的「世界文化」。更不能無根無據地妄言以中國文化去指導日後「世界文化」的發展和走向。我們必須首先自己開創一個有利而服人服己的條件。最直接和最有力的方式是開創一個具有中國文化特質，富有中國色彩和中國氣氛的現代社會的例樣，不只是故紙堆裏的懷思或概念上的演習而已。這樣一來，我們才能活成一個一方面具有充實生命的中國人，同時又是個具有先進眼光的「世界人」。中國文化在「世界文化」的大流中，才繼續是個活的文化。這是作者心目中中國文化再建所應努力的方向。

　　對於中國哲學的再建，作者也持有類似的基本假定和根本主張。我們要在彌補當今「世界哲學」的缺失和共同參與開創未來的「世界哲學」的心情下，檢討中國哲學的再建問題。

三、當代中國哲學的處境與「世界文化」中的「世界哲學」

　　有時候哲學好像只是象牙塔裏的雕蟲，與我們的生活方式（文化）沒有什麼相干；可是，有時哲學又好像是機體裏的血管，伸展到我們文化（生活方式）的每一部位。這是因為哲學本身具有種別差異，不同時空裏的文化對哲學的依傍程度也有所不同，而且哲學中的概念、問題、系統與學說，有的比較近乎尋常（比如談論道德問題），

有的比較遠離常識（比方尋求形上的原理原則）。不過，大體言之，我們可以從兩個不同的層次來觀看哲學：從第一個層次看，哲學可以是一種尋求自圓博大的理論系統。它像數學一樣，講究精密；也像科學一樣（雖然不一定在同一層面上），追求眞理；甚至像藝術一樣，表現優美。從這個角度看，哲學是文化中的一種思辯結晶，它到底有什麼實用價值，可以像文學藝術一樣，存而不論（「爲藝術而藝術」，「爲哲學而哲學」）──倘若它與我們的生活方式具有積極的相干性，那固然是件可喜的事；倘若不是如此，也沒有關係（說不定也有消極的相干性）。作者將哲學這個層次，稱爲它的「唯美層次」❻。

可是哲學還可以從另外一個層次來加以觀看，那就是它的「實用層次」。簡單地說，哲學的實用價值在於爲人生的活動和成果，以及文化的內容和理想，提供生成基礎和證立依據。像爲人生提供「安身立命」的基礎，像爲不同的文化價值理想，或者不同的知識建構理論，提出評鑑比較的標準等等就是。

值得注意的是，哲學的唯美功能和實用功能之間，並沒有清楚明顯的界分。不但如此，哲學的唯美功能有時可以衍變成爲具有實用的意義；同時，在哲學的實用層次裏，往往含有唯美的價值標準（參見前註）。

哲學是文化的一部份。它的發展和它的實用功能的發揮具有密切的關聯。在一個文化裏，當它的哲學欠缺了實用效能，無法爲該文化以及其中的人生活動，提供生成基礎和證立根據，而只能在唯美的層次上開展發揚時，這樣的哲學往往會演成末流，開始式微，而爲另一種具有實效相干性的哲學所取代。這是「爲哲學而哲學」容易演成的

❻參見❶(1)所引論文。該文對哲學的功能與作用有比較詳細之論述，對於本文所列的「唯美層次」和「實用層次」之間的關係，也做了一些考察。

危機。二十世紀的中國哲學似乎面臨這類的危機——或者至少在這種危機的邊緣。

在中國過往的文化傳統裏，哲學（至少主流哲學）一直具有確切的實用效能。儒學之於政治與人生，其影響可謂彰明昭著，自不待言；就是道家與佛學在傳統中國人的安身立命上，也扮演着不可抹滅的角色。不僅如此，就是在文學、藝術、病理……，甚至「國術」的範圍裏，我們也拭拂不去哲學的影子。可是，自從西風東漸，中國被迫尋求適應調整之道以來，中國傳統的哲學似乎愈演愈與實際的文化人生脫節，沒有產生密切的相干。特別是，在「世界文化」的雷属風行之下，中國固有的哲學似乎不能銜接「世界文化」中那重知識（特別是重自然科學的知識）、重科技、重實用、重創新、重個人、重民主、重自由、反權威、倡多元等等的特質與傾向（參見❷），於是中國傳統哲學逐漸與現代中國人的生活經驗疏離，它似乎顯得與現代的中國社會、現代的中國文化（生活方式），以及現代的中國人的生命隔離而不相干。這是傳統中國哲學在當今的時代裏，所面臨的最大危機——它的實用功能（它與文化一般的相干性）降低到一個危險的程度，雖然我們或許依舊可以在概念裏，或者在故紙堆中，尋求它唯美的品質。

另一方面，自從「世界文化」強有力地冲擊我們的文化海岸以來，一股源自西方的哲學浪潮，一種為「世界文化」提供生成基礎與證立根據的哲學，也就順理成章地接踵而來。我們因為「接受」「世界文化」，因此很容易跟着接受這種哲學；相反地，有時我們甚至因為接受了這種哲學，更進一步地接受「世界文化」。兩者互為因果，互相支援與加強。目前，那樣的哲學——其概念、問題、系統、學說與方法等，普遍地為人所接受和採納，它慢慢地變成在當今「世界文化」中的「世界哲學」。

在此，中國傳統的哲學面臨第二重危機：當我們接受了「世界文化」；當「世界哲學」成了「世界文化」的思想支柱，而爲我們所接受；當我們自己的傳統哲學不能發揮這種奠基功能；那麼，我們很容易揚棄自己的傳統哲學，或聽任它被當今的「世界哲學」趕盡撲滅！

不過，當今的「世界哲學」的發展，並未像「世界文化」那麼成功暢順。哲學到底是比較容易孤立絕緣於其他文化成素的東西，因此它的進展也往往比較緩慢，比較具有各個地區性傳統的慣性和惰性。

現階段的「世界哲學」大體上依舊繼承着現代西方哲學的餘緒。因此，現代西方哲學的困境，也往往正是當今「世界哲學」的缺失。那麼，現代的西方哲學面臨着什麼樣的困境呢？

我們知道,西方的哲學自從笛卡兒以降（至少直到這個世紀中葉），配合了十七世紀以來的現代科學的發展，大力開發對於人類知識和經驗眞理的哲學探討——現代意義的「知識論」的研究。它的主要目的在爲人類所獲得那日益豐富，愈演愈奧妙的知識和眞理,提供其生成基礎和證立根據。這樣的哲學發展本來是扣緊着文化的內涵而出發的，具有高度實效上的相干性。可是歷史的走向往往因爲人爲的着重而偏離「正途」。比如從「重知識」的起點，可能演成唯知識是重的後果；從「提倡科學」出發，可能變成只有科學才提倡的結局；從「知識就是力量」的宣稱開始，可能止於知識才是力量的主張……。哲學史的走向也是如此,從把知識論的開發當作哲學的一種要務開始,慢慢演成哲學唯知識論是務的潮流,變成現代西洋哲學那「唯知識論主義」的傳統❼。這個哲學走向產生一些甚爲嚴重的後果。比如：㈠重知識而輕價值。比起知識論的長足發展，價值論簡直停留在草創階段。㈡以知識——

---

❼這是現代哲學與當代哲學的一個顯性傳統，也是一個時時出現的大主流。當然，在大主流之外，時有其他支流冒出湧現。

尤其是自然科學的知識的生成基礎和證立原理去評判價值問題——特別是倫理價值問題。㈢注重客觀性或交互主觀性，而輕視主體性。㈣忽略人生經驗的主觀意義，不講究「意向性」。㈤除了知識論及相關哲學部門（如邏輯等）而外，其他哲學分支（如倫理學、政治哲學、藝術哲學等）談論起來，變得不能理直氣壯，好像缺乏合理性的根據似的。㈥一味擡高理性的地位與力量，無視（甚至有意貶低）感性的普遍性與多樣性。

　　這類的特點長期衍生流變的結果，令哲學和絕大部份的人生活動和文化現象隔離孤立。只有認知方面的活動和成果（特別是科學活動、科學知識與科學技術）成了人類文化中普遍受哲學靑睞照顧的項目。哲學對一般文化與人生的無力感顯露無遺。

　　可是卽使知識論的發展，在當代西方哲學中，也沒有圓滿達成爲人類知識（尤其是科學知識）提供生成基礎和證立根據的作用。西方哲學自笛卡兒以降，在知識論的探討上，漸漸走入「表象主義」的窠臼。觀念、印象、所與、感覺基料等意識內容成了負荷知識的確然性的基礎——顛撲不破的眞理存在於對這些表象的報告之上。可是這樣一來，如何避免獨我論，如何避免主觀觀念論，如何從哲學上的現象論出發，爲科學上的實在論提供一個方法論上的支撐？哲學自己處在這樣的困境之間無法脫身，怎可能進一步指導科學活動，檢討科學成果？所以，二十世紀的西方哲學主流，看來不但與一般的文化與人生陌生隔離，就是和科學也脫節無關。哲學又走向象牙塔的唯美層次了。

　　三十年代之後，西方哲學這種欠失愈來愈加顯著。從這類的困境中，有的哲學家走向懷疑主義和虛無主義（包括知識論上的懷疑主義與虛無主義）；有的哲學家採取科學（甚至常識）的立場否定哲學的

功能（更有人懷疑人類理性的地位）。可是另外也有一些哲學上的努力，又把哲學拉回文化人生的實用脈絡之上，至少與當今的「世界文化」不再劃劃出遙遠的距離。

從宏觀方面言之，邏輯實證論的徹底失敗和現象學的欲振無力，為這個世紀的西方哲學發出響亮的警鐘。而狹義的（邏輯）分析哲學和廣義的語言（分析）哲學，又在哲學方法上引起廣泛的思索和深入的檢討。語言哲學（特別是意義論和真理論）、邏輯哲學、哲理邏輯、（當代色彩的）心靈哲學（尤其是內涵語言與意向性理論）、（方法論上的）實用主義、「批判論」以及解釋學（詮釋學）就在這種處境下繁衍壯大起來的。至今，我們可以看得出在哲學的原野上慢慢生發一些可喜的景象和事物。比如：

㈠知識論不再是唯我獨尊的哲學對象。這世紀屈居哲學大堂的陰晦角落的其他分支，又開始回生返青，甚至蓬勃生動起來。最值得我們注意的是倫理學、社會哲學、政治哲學、藝術哲學、文化哲學、心靈哲學和「人生哲學」（包括哲學人類學）等範圍的重新開展——討論新問題，開拓新「識野」，提倡新主張。哲學又慢慢與文化人生產生多方面的相干了。

㈡對於形上學的容忍和重新評價：自從邏輯實證論和現象學的熱潮過後，我們知道建立「沒有預設的哲學」是一種空想。如果我們仍然想要不斷追根究底，我們不能沒有形上學。只能以新的形上學代替舊的形上學，以比較「圓滿」的形上學取代比較有缺陷的形上學。因為有這樣的認定，使哲學的廣原上減少了不少排斥殺伐之氣，而增多和氣相容之風。

㈢哲學方法論上的自覺：這個世紀的一些哲學主義、哲學學派和哲學運動，雖然並未完成其原有的構想目標而缺乏正面的哲學建樹，

但是由於它們使用的方法新穎，或使用方法的方式特別，引發對方法本身的深究與細察。最明顯的是邏輯原子論、邏輯實證論、邏輯經驗論、牛津哲學和（狹義的）語言哲學所帶引培養出來的方法研究，特別是對於邏輯分析的方法和語言分析的方法的探索。方法的多方探索和深入研究培養一種方法論上的自覺。比如目前我們對於邏輯分析方法的特點和限制，比起數十年前，具有遠爲深刻的認識。對於語言分析的性質與局限，也是如此。方法論的自覺所帶引出來的一個重大結果就是方法論上的容忍主義和方法論上的多元主義❽。而當今（方法論上的）實用主義之崛起，以及解釋學的開展發揚，又把這種哲學上的容忍態度和多元精神帶到一個更加成熟的境界。

　　㈣在方法論的省覺之下，有幾個方面（和其中相關問題）的探討特別值得我們注意：包括意義問題、意向性問題和主體性問題。這三方面的問題彼此關聯，探索的成果互相激盪，將成爲二十一世紀心靈哲學的重要課題，也將成爲將來解決許多基本哲學問題的通路。（比如，目前主體性的討論仍然多數局限在認知主體性之上，但是價值主體性，特別是道德主體性的問題，就要接踵而來。實然應然之間的問題很快會成爲二十一世紀的重要心靈哲學問題）。

　　從上面所說的，我們可以看得出二十世紀末葉的西方哲學在面對難關之後，正在廻流轉向之中。而今，爲世界各處哲學界所認識甚或「接納」做爲大家可以互通共識的「世界哲學」正在這種廻峰路轉之中。它與當今的「世界文化」又逐漸產生密切的相干──又將成爲「世界文化」中的弄潮兒。我們躬逢其會，正可以好好設想應該投身參與什麼樣的努力，貢獻於「世界哲學」，貢獻於「世界文化」。

──────────

❽方法論上的多元主義並不涵蘊方法論上的相對主義。

四、中國哲學工作者的關懷與「世界哲學」的發展

　　純粹從個人的觀點看，要對「世界哲學」（或兼而對「世界文化」）有所貢獻，最直接而又最重要的事，莫過於投身參與「世界哲學」（與或「世界文化」）的工作之中——認識其間的問題，提出改進之道或解決之方。這是世界上任何有志有識之士都可以加入參與的，不必反問自己是什麼地區的人，也不必自覺到自己原來秉承的是那一種地區性的文化（或哲學）傳統。可是這不是我們的問題。我們所要設想的問題是：在當今的「世界文化」，特別是在當今的「世界哲學」的潮流之中，中國哲學可以做出什麼積極的貢獻？

　　這個問題沒有像表面看起來那麼簡單。因為裏面牽涉到幾個層面上的多個問題的糾纏。但是，如果我們有意將它加以簡化來處理，那麼作者的意見要點如下：

　　第一，以傳統中國哲學之固有問題形式和理論內容，不足以對當今之「世界哲學」（兼或對當今的「世界文化」）產生積極有力的貢獻。從哲學的實用層次看，中國的固有哲學與今日的中國人之現代經驗都沒有明顯而密切的相干性，更難期望它直接能為今日的「世界文化」（或其重要部門）提供生成基礎和證立根據。就是只從唯美的層次來看，中國固有的哲學也不一定合乎（今日標準的）博大、精深、容貫和富於理論的創造力等要求。

　　第二，受過中國文化薰陶的人，或者富有中國文化教養的人，常常認為中國文化中所講究（有時不一定在實際文化人生中所表現）的價值理想、文化境界和人生修養等等，是值得在世界上（不只在中國）加以發揚光大，推廣普及。而這些價值理想、文化境界和人生修

養等，是在中國哲學思想中孕育出來的；因此，中國哲學仍然不是「死的哲學」，至少仍然可以「起死回生」。關於這種構想，作者基本上持着同情的態度，至少抱着值得一試的心懷。

第三，基於上述兩點認定，中國哲學的工作者接着就有一個極爲繁重而又艱巨的任務橫在眼前：那就是努力帶引傳統的中國哲學到「世界哲學」的脈絡裏，參加「對話」，參與解決問題，甚至進一步指導將來「世界哲學」的發展方向。換句話說：那任務就是努力使今後的中國哲學——含有特定的中國哲學特質的哲學——在實用層次上與現代世界相干，在唯美層次上具有現代的高度水準。這是作者心目中所謂的「中國哲學的再建」。也可以說是中國哲學的「現代化」或「世界化」的問題——至少再建的最初首要步驟包含着此等問題❾。

五、中國哲學再建的方向與方略問題

——一個方法論上的考察

談論中國哲學的再建可以從實質的內容問題出發，展示如何再建的個例❿。可是作者認爲在現階段，重建工作的方法論的自覺絕頂重要，否則我們可能走上茫然不知所終的道路⓫。

在做此等方法論上的考慮時，作者懷有兩個方法論上的基本主張

---

❾根據作者所知，第一個明文提出這個問題——把中國哲學放置在世界哲學的脈絡裏來觀看，是勞思光先生。參見其所著《中國哲學史》，第一卷，香港中文大學崇基學院，1968年出版。此觀點或主張出現在該書序文中（頁1—頁22）。

❿在實質內容上，作者認爲中國哲學工作者在二十一世紀的重要發展計劃之一，就是建立以宋明儒學（心學和理學）爲起初基礎的「心靈哲學」或「哲學心理學」。

⓫比如我們可能只將傳統的中國哲學加上現代的「化裝」，或者製作出貌似現代，但卻並非「中國的」的哲學。

或根本假定。作者將它們稱爲方法論上的「假設」。現在首先將它們簡單說明如下：

第一，「方法的中立性假設」：

任何方法的發生、改良或普及具有它特定的時空背景 或 歷 史 因素，但是方法的合理性和方法的對確性本身，却沒有地區性的局限❷。這裏指的方法主要是形成概念、處理資料、提出問題以及解決問題的一般原理和運作程序。這是比較一般性或比較高層次的方法，包括發明發掘的方法和求證核驗的方法❸。從這個假設出發，我們可以推論出：如果某一方法在某一時空定點上是合理對確的方法，那麼它在另一定點上也是合理對確的；倘若不是的話，那麼該一方法在原來的定點上，也不是原來我們以爲那樣的合理和對確❹。比方，應用到我們目前所關心的例子裏：倘若某一方法在中國哲學（或西洋哲學裏），是個合理對確的方法，那麼它在西洋哲學（或中國哲學）中，也應該是合理對確的；倘若我們發覺不是的話，那麼該方法原來在中國哲學（或西洋哲學）裏，也不是我們所想像那麼合理和對確。也許因爲當初我們專門注意某一種題材，或一味關心某一類問題，而得到的錯覺。

---

❷作者假定方法本身是在演化修訂的過程之中──方法的演化論；甚至進一步設定人類理性的本身也在演化──理性的演化論。此等問題牽連甚廣，只有另文討論。

❸如果我們要將‘方法’一詞也應用來指謂較低層次，較技術性的運作步驟，包括器物利用和官能運用，這時中立性原則仍然成立。不過，我們得說，如果某類器物（如儀器），在一官能（如味覺），或某種步驟（如加減消去法），無法應用到某一問題的解決之上（如不能用味覺來判斷某人唇膏的顏色），這時該方法對於該問題的解決而言，仍然是中立的。某一方法運用起來不會有（或不可能有）結果，並不表示該方法一旦加以應用，就會產生錯誤的結果。

❹參見❶(3)之闡述。

第二，「理論的局部性的假設」：

我們通常將研究的題材加以分類，作爲一個個的研究範圍。但是某一範圍之內到底有多少問題，永遠是個未知數。也就是說，任何研究範圍內的問題集合，都是一個開口集合，其外範不能有效地加以界劃。因此，作者提議在方法論上採取一個基本態度：將一切理論，不管它們發展的成熟程度如何，不管它們已經在知識上建立的地位如何，全都當作針對某一研究範圍的「部份理論」或「局部理論」❸。新的問題的出現往往改變了原有問題的舊觀，令原來頗爲穩當的理論產生動搖，需要修補或改正（有時甚至被全面捨棄）❻。放在我們目前關心的情境來說，我們將中國哲學裏的理論當作是局部理論；西洋哲學裏的，也是局部理論；不但如此，所謂「世界哲學」裏的理論，仍然是局部理論，因爲通常堪稱爲哲學問題的，並沒有一個先驗上或經驗上的限制（或評判標準）。哲學的理論需要不斷的整合，「世界哲學」也好，地區哲學也好，需要不斷的拓展。

在上述方法論的預設下，在上述對於「世界哲學」情勢與中國哲學處境的領會之下，作者要提出下列有關未來中國哲學再建的方向與方略主張。

從以上各節所說的來看，作者所信持的方向主張是很簡單明白的：

---

❸ 此處所謂的理論之局部性，著眼於某一研究範圍中新問題的不斷湧現，或舊問題的不斷改觀。它與一般所說的理論之不完全性或不完整性，處在不同的層次之上；後者通常著眼於新資料和新經驗的不斷出現，有可能改變原來理論的正確性。依照此處所說，一個理論可以是頗爲完全（完整）的，但仍然是個局部的理論。當然一個理論也可以是個極不完全的局部理論。（如果問題的數目確定，我們可以有「整體理論」，而不是局部理論。但該整體理論仍然可以是不完全的）。

❻ 參見❶所引之⑵及❹所引論文集裏所收之作者論文（頁1—頁29）。

中國哲學的工作者應該懷着參與建設「世界哲學」的心胸，立志改良「世界哲學」的態度，從事中國哲學的再建工作，希望以中國哲學未來的成果去豐富未來「世界哲學」的內容，改良「世界哲學」的品質，甚至指導「世界哲學」的發展方向。

可是在方略上，問題就比較複雜和難以準確捉摸。首先我們必須不斷檢討一個判斷的標準。那就是：什麼樣的哲學（體系、理論或解答）才算是具有中國特質（風格、氣息或理想）的哲學。沒有這方面的自覺的話，我們無法說出我們到底是在從事中國哲學工作，或者只是在中國境內（或以中國人的身份）從事哲學工作。當然並不是用中文表達的就是中國哲學；同樣的，而且更重要的是，並不是以現代通用的哲學術語來陳說，就直接可以將傳統中國的哲學加以「現代化」。

在實際的工作上，目前中國哲學的再建需要由兩個不同的着力點出發，互相批判，互相激盪，比照成果，嘗試開發未來中國哲學的新局面。

第一，運用西方哲學中，爲了解決西方哲學問題所發展出來的概念與理論，來詮釋中國哲學的內容

這是一條危險的道路，做得不好的話，只是在傳統中國的哲學面龐上，塗抹一層西方哲學概念的胭脂。原來的面孔雖然古老，但看來却覺自然；而今粉墨雖然新研，但裝扮起來却可能醜怪！不過，在當今我們的文化處境下，這似乎是一段不得不走過的不幸之路。因爲概念和理論架構不容易憑空建造，我們只有在模仿與試誤中獲得教訓，吸取經驗，提高質素。因此，許多當前中國哲學「世界化」（西洋化？）的努力，雖然看來幼稚可笑，但是它在歷史演進的過程中，也非全屬無稽白費。

然而，就因爲這條路充滿「悲劇性」與危險性，因此不斷的檢討和批評變得絕頂重要，不可或缺。也因此，對於上述的判準之自覺，在中國哲學未來的再建工作上是不可輕加忽畧的。

第二，中國傳統哲學內部的努力經營

這方面的努力，可以用來平衡「膚淺西化」的缺失；這方面的成果，也是用以批判中國哲學「世界化」的各別工作是否妥善的一大憑藉。在目前，我們愈來愈遠離中國傳統文化的情勢下，中國傳統哲學的內部經營顯得特別迫切。在我們對中國文化尚存寄許，對中國文化所標示的價值理想尚留熱情之際，此項工作比較容易加以開展和獲得成就。但是，如何不走入狹窄的識野，如何不自娛於故紙堆中「以經解經」，那就要看我們能否確切把握中國哲學再建的基本方向了。

方法論與教育

一、方法與方法論

「方法」是個比較尋常的語詞，本來不需多加解釋。但是一個語詞愈常在一般的用法裏出現，它的意義可能愈多樣，與它關聯在一起的概念也就愈分歧。「方法」一詞是個平時常用的語詞，它的情況正是如此。

一般我們稱爲「方法」，或只簡稱爲「法」的，種類甚多。比方，我們說思想方法、史學方法、科學方法、數學方法、邏輯方法、形式方法、分析方法、化學方法、現代方法、直覺方法……教學方法、製陶方法、煉油方法、讀書方法、使用方法、育嬰方法……磨刀方法、煮蟹方法、削皮方法、剪毛方法等等；或者簡單地說，看法、讀法、畫法、算法、用法、吃法、計量法、比較法、演繹法、直接法、乘法、圖解法、統計法……代入法、消去法、石灰澄清法、塔式法、過濾法、神智體寫法、皴法……字典查法、發音法、撐桿跳法、調虎離山法、情書寫法……等等等等，無法盡舉。

我們故意不對上面所列舉的方法加以比較整齊的分類，因爲那樣做就「不自然」了。那樣做已經使用了事先選好的「分類方法」了。

從上述的例子，我們至少得到一個印象：堪稱爲方法的，好像不

只是一種東西——至少好像不是在同一個層次上的東西。比如,「現代方法」和「煮蟹方法」之中的「方法」,好像意義不同;同樣的,「圖解法」、「演繹法」和「情書寫法」當中的「法」,似乎也大異其趣。果眞如此,那我們爲什麼同用「方法」(或「法」)來指謂它們呢?

　　從另外一個角度看,所謂方法雖然種類繁雜,層次不一,它們之間難道沒有共同特徵或類似要點嗎?爲了回答這個問題,我們不妨首先這樣發問:是不是舉凡人生的活動、行爲或動作,全都可以稱得上它們的方法,甚至更進一步,全都有其方法可尋呢?

　　我們平常說「思想方法」,但却很少說「想像方法」,雖然想像也是人類的一種活動;同樣地,我們常說「證明法」,但却不說「發明法」,儘管發明也是人類的一種行爲;類似地,我們習慣說「游泳的方法」,却絕少說「口角的方法」,卽使口角也是人類的一種動作。此外,我們也很少設想做(白日)夢的方法、走路(邁步)的方法、吃飯的方法、妒忌別人的方法、入迷法、陶醉法、忘我法(或物我兩忘法)、自欺法等等。

　　一般來說,人類對於自己感到興趣的活動、行爲或動作,對於影響人生重大的活動、行爲或動作,對於求其成功不願見其失敗的活動、行爲和動作,對於有價值受重視被喜愛的活動、行爲或動作,全都設法尋求其從事或致力的方法,找尋促進成功之道。方法的認識和把握增加人類從事的活動所帶來的成果,令人類更有效率地解決問題;而且使人更有系統地建立知識,累積經驗,將它們傳遞他人,或遺留後代,促進人類的文明。另一方面,人類知識的長進和經驗的增廣,又反過來扶植方法的成長、修正和更趨成熟。兩者互相補益,相成相長。所以,方法之來歷與人類所注目的問題內容,以及人類試圖解決問題的努力之間,具有密切的關聯;雖然方法一經建立,並且逐

步成形穩定之後，往往有它們自己獨立的生命。這時方法本身也常常成爲研究和討論的目的和對象。這是我們談論方法首先應該具備的第一層認識：方法雖然具有某種程度的穩定性，但它們却是有演化的，有進步可言的。各種層次的方法都是如此。

但是，在我們的人生活動裏，以及在人類的文化事業之中，並不是每一個問題（以及每一類的問題）我們都把握了解決的方法。有時我們不但還沒有發現解決的方法，而且如果我們堅持需要合乎某一標準或者屬於某一類型才接受的話，我們也就不可能有解決的方法可尋。（比如，如果我們堅持只能使用圓規和直尺的話，那麼對於任意角的三等分這個問題，就不可能有解決的方法）。可是，我們爲什麼一定要堅持合乎某一標準的方法，或者屬於某一類型才願意接受呢？我們對這種問題本身又可以尋求和講究解決的方法了。

可見方法這個概念不是一個絕對的概念，有沒有方法和是不是解決問題的方法，也要看我們在那一個「體系」裏談論問題，或者看我們怎樣構作問題，才能確定。不但如此，當我們做出此等考慮的時候，我們已經提高了我們的問題的層次，討論比較高層比較抽象的方法了。比起比較低層次的方法，這時我們所注目的已經是（有關）方法的方法了。這是我們研究方法的時候，首先要注意的第二層認識。

談起方法的方法，聽來好像不太自然。這是因爲我們平時使用「方法」一詞之時，沒有計較它的繁雜之故。事實上，在我們平時的用法裏，方法這個概念（或者法的概念），上通「法」則，下達「法」術，而不是自己孤立自存的。比如，「文法」、「語法」、「理法」等等，表面上看起來，不是種方法。但是它們却規範或指導着說話的方法，爲文的方法，論理的方法等等，它們是說話、爲文、論理等所依傍的法則。說話之所以能達意，爲文之所以能傳思，論理之所以能貫通，就

是因爲我們沒有輕易違背這類法則之故。它們是我們爲了解決達意問題，爲了解決傳思問題，爲了解決貫通問題的高層方法。所以方法正如我們開頭所說，是多種別的，是位居不同層次之上的。

方法是關聯到法則之上的，這一點非常重要。我們尋求方法，目的和旨趣就在於認識法則，解釋法則，陳示法則，組織法則，並且進一步體現法則和運用法則。我們所認識直到運用的法則是那些法則呢？它們包括人的法則和物的法則，包括人類理性的法則和自然經驗的法則。這是講求方法所應注目的第三層認識。

方法的法則性是方法之爲方法的必要條件。舉凡是方法的必須提出原理，指明規律，點破要領，或者陳列範例；或者列舉製作規則、解答程序或完事步驟。盲目而無規律的輕舉「亂」動，不是有方法的活動。（我們可以有「類比法」、「試誤法」，甚至可以有「旁敲側擊法」；但卻沒有「盲目法」或者「輕舉妄動法」。要注意：我們並沒有說盲目輕舉妄動一定不能成事，我們只說那不是根據方法而成事。）

所以，一般我們所談論的方法涵蓋甚廣。有高層有低層的，有原理性有步驟性的，有抽象性有非抽象性的。

把方法作爲討論研究的對象，所成的學科稱爲「方法學」或「方法論」。

這裡所說的討論研究，也有兩個不同的層次。有時某一專科領域的人，將他們專業中常見慣用的方法，做出有系統的組織安排，加以討論，以方便應用（或指導應用）。這樣的討論也常稱爲方法學的討論（或方法論的討論）。比如，「史學方法」、「比較文學方法」、「考據方法」或「語言學方法」等，常常就是這種意義的方法學（方法論）。這時，方法學的討論研究可能完全集中在專科領域的範圍之內，也可能兼而略爲觸及較高層次的原理原則，但對這些原理原則卻不加詳細

考慮，也不加以反思檢討，因爲那不是這種方法學的重點所在。如果我們說「教育方法學」或者「教育方法論」，所指的大約就是這個層面的方法學。它主要在於研究教育理論與教育實施上所採用的方法，而不特別對這些方法所依據的高層原理原則加以深思與反想。這也是爲什麼本文的題目不是「教育方法論」的一個小原因。我們不是要停留在教育學上所使用的方法之研究上面。

另一種較高層次的方法學或方法論，指的是對於人類所使用的方法——所有的方法——做出原理性和基礎性的探討和研究。這樣的研究並不專門着眼於某一知識領域或那一個專業範圍。它主要討論人類解決問題和建立理論所牽涉到的基本假定、取捨安排和評鑑標準：包括問題怎麼提出，問題所在的脈絡爲何，問題表現的形式怎樣；所用的語言有何特質，使用的推論（邏輯）規律怎樣；怎樣算是解決了問題，解決問題之後到底成就了什麼知識，增廣或加深了什麼經驗；我們怎樣安排人類經驗，怎樣將知識加以系統化而成爲理論；理論的構作要素如何，它的成立條件怎樣；人類接受理論、修正理論與排斥理論的理由根據如何，這些理由根據本身又要如何加以反省和批判……等等這類原理性、基礎性，甚至可以說哲學性的問題。這種意義的方法學（方法論）並不特別注目於某一分科或專業的範圍，因此可以說是一般性的方法論，或普遍性的方法論。又因爲它注重方法原理的哲學探討，因此我們也可以稱之爲「方法學（論）的哲學」，或簡稱「方法哲學」。

雖然一般方法論——以別於前述的分科方法論（專科方法論）——並不專門考慮某一知識領域或專業範圍的方法，但是完全抽離題材內容來討論方法是件比較困難的事。不說別的，這時我們往往必須另外特別設計一套語言（或者一套部分語言），以方便從事。爲了避免過分抽象所引起的困難，研究方法論的人往往選擇人類知識領域中，比較

基本或者比較具有廣含性的科目——裏面充滿着問題情境和試圖解決問題的方法考慮——做爲探索研究的對象。因此,我們常常看到關心方法論的人在談論「科學的方法」,談論「數學的基礎」,談論「邏輯的系統,談論「語言的哲學」(語用哲學和語意哲學等)等等。但是當他們這麼做的時候, 他們並不是在通常意義下研究科學, 研究數學, 研究邏輯和研究語言等等,他們是拿這些題材範圍在陳示問題上,在解決問題上, 在構作理論上, 在證立答案上所顯示的現象做爲範例, 研究其中所牽涉到的方法原理。如果我們有必要加強這個層次的方法論與前述另一層次的方法論之間的區別, 也可以將此一層次的方法論稱爲「方法原理學」或「方法原理論」,而保留「方法學」或「方法論」給前者。

通常所謂的「思想方法」, 照理應該是這種意義的方法原理論。它不是用來研究我們平日動用思想時所使用的方法, 而是用來討論人類解決問題時——當然包括平日爲了解決問題所動用的思想活動——所根據的方法原理。

從上面所說的, 我們對於方法及方法論大約可以建立一個比較 (平日的想法) 更準確的初步理解。不過當我們談論方法和談論方法論的時候,可以根據當時的目的和興趣,將所談論的方法(論)對象固定在我們所需要的層次之上。但是我們都知道, 較低層次的理論假定着較高層次的理論,方法論也是如此: 分科的方法論假定着一般方法論(方法論假定着方法原理論)。因此,卽使我們只是對自己的專科的方法論 (比如敎育方法論) 感到興趣而要加以特別研究時, 也不要忘記這類研究如何進行, 如何評價, 如何改弦更張, 那却建立在方法原理論之上。反過來說, 平時我們很少「爲方法而方法」, 在分科方法論裏頭如此, 在一般方法論裏頭亦復如此。卽使在專門設想方法 論 原 理 之時, 我們終久的目的也往往是爲了照應某些特定領域裏的方法問題。

由於方法是有進步有演化的（已如前述），因此研究方法的方法論也在演化進步之中。在方法論的演進過程裏，方法論和方法原理論（分科方法論和一般方法論）之間常常互相刺激，彼此受益。方法原理論並非完全獨斷地「指導」方法論之應用與改良（這時「指導」到底是種什麼關係，也是方法原理論所關心的事）；同樣地，方法原理論也並非完全由全部的方法論裏「歸納」出來的（這時「歸納」本身的合理性也正是方法上要考慮的事）。兩個層次的方法論在理論上（理想上和邏輯上）理應具有密切的依傍和支撐關係，但是因為各自可以獨立發展，結果不一定在所有情況下都得到良好的配合。比如，在某一分科方法論裏已被接受的方法，不一定在一般方法論上得到良好的支持；相反地，在一般方法論裏確立的原理原則，也不一定在任何分科方法論中得到準確的應用實例。這世界到處充滿着參差不齊的動態發展，方法論的發拓情況也是如此。也幸好是這樣，有時當方法原理論的發展走向片面獨斷之時，不一定因而窒息某些分科方法論的成長；同樣的，有時分科方法論走入歧途，也不因而就扭歪方法原理論上的研究結論。由於可以個別發展（當然不是一定永遠得如此才行），因此兩者有時關聯緊密，但有時却關係鬆弛。不過，當兩者關係過鬆，變得幾乎是不相干之時，關心方法論的方法學家又會做出各種努力，將它們牽合在一起。這種參差的發展關係和動態的演進歷程極為重要，值得我們特別加以重視。這是我們談論方法應該注意的第四層基本認識。這種發展關係和演進歷程——不是單源的發展，因此不是單元的演進標準——往往導致方法論上的多元性，甚至進一步培養方法論上的多元主張（多元主義）❶。

---

❶方法論上的「多元主義」並不涵蘊方法論上的「相對主義」。

二、方法原理論（一般方法論）

根據上面所說，我們知道方法原理論是在探討研究人類用來解決問題所使用的方法（所根據的）原理的學科。這裏指的「問題」完全沒有限制，包括各種類別各個層次的問題；同樣的，這裏所說的方法也一概不加限制，涵蓋所有類別所有層面的方法。比如，方法原理論中所牽涉到的問題本身，也可以被囊括其中；方法原理論的開發所使用的方法本身，同樣也不是漏網之魚。這就是說，連方法原理論本身，也可以是自己討論的題材和對象。這正是哲學研究的特色。哲學經常必須用來討論其他的對象和題材，同時（尤其在必要時）反過來討論它自己。也因為這樣，我們說方法原理論是種方法論的哲學❷。

當社會的價值判準比較穩定，當人的行為準則比較不生動搖，當學術理論沒有激烈的翻新，當知識比意識形態更支配着人類的信念以及社會的建制的時候，也是我們的方法論（尤其是方法原理論）比較沒有爭端的時候。這時方法論裏的殊多繁雜的研究成果，往往停置在「理論上」純學理上的範疇裏，備而不用，對較低層次的方法論沒有產生直接的影響，也沒有立刻激發實用上的效應；因為在學術界和其他種種專業範圍裏，已經有一些廣為大家所取用，甚至普遍為人所接受的傳統性習慣性的方法成規、方法範例或方法思想，在流行，在主導，在發揮積極和顯性的作用。這時方法論的內部研究仍有可能進行得如火如荼，但是因為在那樣的時代裏，「方法的懷疑」並不是一件

---

❷我們不能只是利用倡議區分「對象理論」與「後設理論」或區別「哲學」和「後設哲學」，就冀圖將此一「自我指涉」情境加以消除。當我們有必要追根究底的時候，後設理論之外,還需要後設理論的後設理論；後設哲學之上，還得有後設哲學的後設哲學，層層入裏，步步後退，恐無止境。

尋常的事，方法原理論的檢討研究也就顯得抽象、孤立而不切實際。比如，直到本世紀中葉（甚至也可以說直到現在）種種不是「標準」制式的邏輯系統的研究——諸如多值邏輯（尤其是三值邏輯）的研究、模態邏輯（比如規範邏輯）的研究、乏晰邏輯（模糊邏輯）的研究等等——就常常在自己系統之內孤立爲之，抽象地進行，只是孤立的程度不同而已❸。

可是在另外的時代裏，知識內容發生急速或劇烈的變化，或者現成理論的地位發生根本的動搖，或者價值標準混亂，意識形態風行。這時見解難趨一致，流說各自盤據。人們在難以交流，不易溝通的情況，漸漸生發方法應用上的懷疑和方法理論上的自覺。於是方法論的探討，尤其是方法原理論的研究，又變得事態迫切，又跟其他學術和種種專業的關係變得相干密切起來。

因爲這樣的緣故：因爲方法原理論並非在所有的時空環境和研究範圍裏，全都扣住罩緊層層的（分科）方法論，嚴密指導一切學科的研究活動和所有領域的解決問題之行爲；因爲方法原理論也接受較下層次的種種分科方法論獨立發展出來的成果之刺激和實際解決問題的方法經驗的影響；因爲方法原理論也有它獨立的理論研究，正如層層的分科方法論有其獨立的內部探討一樣 ❹；因爲方法原理論不但要思察種種其他領域所使用的方法，研究那些探討此等方法的層層（分

❸比如乏晰邏輯已經慢慢給設法應用到醫學 診斷理論、語言的 語用論 及語意論、系統控制論和知識運用論之中，但至少並未從根本處改變該等理論所在領域之方法成規或方法原理。

❹此處所謂的獨立研究並不意味此等研究全無基本假定可言，也不表示該種研究一概不會產生其系統外的理論結果或實際效應。此處說的獨立性，主要指的是沒有自覺或不必受制於現成的根本假定，沒有考慮甚或不去理會其對其他領域所可望產生的理論效應或實際影響。

科)方法論,同時也要反省自己使用的方法,檢討自己所建立的理論 ❺;因為方法原理論是方法及方法原理的哲學,它是有創造性和有發展性的理論學科(有時包括系統構作);因為方法原理論像其他哲學領域一樣,不但具有描述的發展性,也有詮釋(解釋)的發展性,不僅具有概念構作上的創造性,也有系統衍發上的創造性;因為方法原理論隨着人類文化景象的變遷(特別是學術研究的氣候改變)有時可能只局限在「邏輯」(廣義)和「思想方法(論)」(狹義)的範圍,就足以完功成事,可是有時却得遍伸到現存的形上學、知識論和價值論的哲學研討之中,仍然不一定大奏奇功;因為方法原理論有時只是(或只指謂)哲學研究的一個領域,有時却是(或只好是)整個哲學思索的全部!不但如此,也因為有時(有的)方法原理論假定着堅強不可動搖的人類理性,可是有時(或有的方法原理論)本身並不排斥(甚或可能主張)人類的理性,正像人類的方法原理,也不斷在創造和演化的過程之中 ❻;所以,如果我們講究嚴密性和準確性,很難不加條件限制不預做保留地一語道破什麼是方法原理論的根本性質和詳細內容:它到底探討那些問題(或那類問題)而不觸及那些問題(或那類問題);它試圖獲致什麼答案(或解決方式);它所提出的學說或理論到底是描述性、闡釋性、詮釋性、規約性或創發性,或者種種不同性格的結合(這時它們的結合方式怎樣)等等。這類問題比較容易

---

❺方法原理論所建立的理論,其研究對象當然不只是自己在面對問題(高層次的方法及方法論問題)所使用的方法和所處理的方法情境(問題情境和解題情境),但是也完全不排斥此等對象(此等方法和此等情境)。

❻這時方法原理和人類理性之間的關係,又成了有待使用某種方法來加以解答的問題了。作者自己在這個問題上,採取理性不斷在演化的主義——或可稱之為「理性演化論」。對於作者來說,理性演化論與更廣含的另一根本見解關聯在一起,那就是「人性演化論」。

得到時代性甚至地區性的「運作答案」，但是此種答案是否接觸（還不要說等於）事物「本質」，那就很難在絕對意義下設定一個準確的「判準」加以判斷，因為「運作（界說）」、「本質（界說）」和「判準」這類的概念，正是方法論裏頭的概念，它們的準確內涵及可用程度正有待訴諸方法原理論上的原理原則來加以釐清、闡釋和解答。

因為這樣，當我們在此談論方法原理論的內容之時，必須懷有一種「方法（論上）的自覺」：我們只注意到（或只有可能察覺到）局部的問題，很困難（或沒有可能）思考所有的問題❼；因此我們據之以提出的解答，往往只是片面的解答（倘若我們察覺到其他我們原先未曾思考過的問題「存在」，我們的答案可能不同或不盡相同）；我們據之以建立的學說，往往只是部份的學說；我們據之以構作的理論也因而往往只是局部的理論❽。

在我們所處的時代裏，自然科學的基本概念曾經產生劇烈的變

❼什麼算是「所有的問題」，這在有些系統裏是可以標定的，如果什麼算是「問題」有辦法準確加以判定的話。但是人類到底可能察覺到什麼問題（或那些問題），則是一個人類悟性問題。這個問題無法只在心理學上加以圓滿解答。我們必須訴諸心靈哲學，甚至訴諸人性論。

❽在方法原理論裏，作者要將這個主張稱為「理論的局部性假設」。參見作者下列文字：(1)＜從方法論的觀點看社會科學研究的中國化問題＞，楊國樞、文崇一主編＜社會及行為科學研究的中國化＞，頁1～頁29，臺北，1982年出版。(2)＜從方法論的觀點看中國哲學再建的方向與方略問題＞，國立臺灣大學創校四十周年國際中國哲學研討會論文，1985年出版。(3)＜世界文化·世界哲學與中國哲學的重建問題———一個方法論的考察＞，＜知識份子＞，1986年春季號。

值得在此一提的是，這裏所謂的「局部性」並非一般討論理論說明力和預測力時所講求的「完全性」。前者針對問題涵蓋的程度立言，而後者則以證據支持的普遍性做為評判條件。

至於此一方法（原理）論上的「假設」是否只能永遠停留在假設的身分之上，那就要看我們在方法原理論裏頭的實際經營情況而定。它也許可以由其他原理或其他假設推衍出來。

動; 數學的性質曾經引起激辯, 它的建構基礎一度發生動搖; 邏輯的方法徹底翻新, 它的系統內容和結構條件似乎眞相大白; 哲學力圖掃除傳統困境, 開闢嶄新局面, 甚至另樹旗幟, 從頭做起; 社會科學在方法上爭執不休, 知識與意識形態之間的分野難以確定; 加以科技進步神速, 人類所獲致的技術成就日日翻新, 世事變動急劇, 權威分化, 價值標準動搖, 各種傳統屢見崩潰, 社會建制(包括語言的使用規則、行爲準則和人際關係等等) 變質紛亂, 各種舊秩序容易打破, 但是新規律却難以補充建立起來。在這樣遷變瞬息的時代, 人們 (尤其在學術界裏的人) 在樂於見到自己所不讚擁的建制被打破之後, 却苦於不知如何着手重新起建自己所讚擁的新建制。在努力的嘗試與追尋中, 逐漸對方法——包括破壞與建設的方法(事實上兩者是互通的)——產生一種研究的興趣, 對方法論 (包括方法原理論) 產生一種反省與自覺。所以, 在我們這個時代, 方法論的熱烈探究是件可以預料而絲毫不足驚異的事。可惜由於方法原理論的特殊性質, 極有系統而又涵蓋廣大的專著並不多見 (甚或付諸闕如)。一般的方法原理論的討論都散見於各哲學分支之中。甚至我們可以在很重要的意義上說, 整個哲學就是方法論, 它就是方法原理論 ❾。

就我們現在的討論興趣言之, 像底下這類的問題都是當今的方法原理論所不可逃避的問題 (這些種類的問題之間經常互有關聯, 互相跨越重疊):

---

❾這是作者對「哲學」從實效的層次所下的界說 (定義)。作者建議將哲學分由兩個層面加以思索觀看: 哲學的唯美層面和哲學的實效層面。參見作者之＜從哲學與其他領域的相關性看中國哲學的發展方向問題——論中國哲學工作者的未來使命＞, ＜新亞學術集刊＞, 第三期, 香港, 1982年出版, 頁179～頁 195。

第一，有關概念的問題：不是概念怎樣形成，或者新概念怎麼產生。那屬於心理學或者兼而是生理學的範圍。方法論（尤其方法原理論，下同）要考慮概念到底為何物，它和語言的依傍關係怎樣。它與心象的根本區別何在。什麼叫做概念化，它的生成根底為何物（是人類的表象經驗或其他事物，有無天生概念）。概念之間可以講求何種關係（比如我們可否說某一概念是由其他某些概念「衍生」出來）。此等關係的性質為何。殊多概念之間可以形成一種怎樣的互有牽連的概念架構。概念架構能否算是一種系統（或者只有命題系統而無概念系統，雖然每一命題全都牽涉概念）。一個概念架構要否講究什麼結構特質，兩個或多個概念架構之間可以講究何種「邏輯」關係。一個概念可否由原來所在的架構，原原本本（不加改動內涵地）「移植」到其他的概念架構之中，或者一加移植也就（或多或少）改變了它的內涵（除非原來的兩個架構是兩個相等架構）。一個概念的「入侵」會令一個概念架構產生怎樣的適應調節和結構「騷動」？概念與概念之間有沒有「親和性」與「排斥性」？這些是邏輯關係或其他什麼關係？類似這樣的問題，就是現代方法論中，有關概念的一些重要問題。

在比較低層的方法論裏，我們可以將這類的問題抽象程度降低，比較具體地討論這些問題所呈現的對象（比如概念或概念架構）之性質和對象與對象之間（比如概念與概念之間，或架構與架構之間）的關係。

第二，有關語言的問題：方法論固然可以從語言學（包括語言心理學、語言社會學以及語言人類學等）的經驗探索中獲得一些有用的資料，但是方法論不只要照顧歷史文化的條件和社會人生的事實，它也要（而且往往更需要）注目人類理性的開展和突破。語言（語言文字）作為一種表意系統而言，的確是一種一般意義的工具，一種極為

多能（即使不說「萬能」）的利器；但是，從另一個方向看，語言是人類的理性和情意往前開展或往上演化的階梯❿。如果我們仍然要把這種情境下的語言所扮演的角色，稱為工具角色，那麼那就不是一般意義的「工具」；至少與前述的語言工具，不在同一層面之上⓫。人類創作和使用語言，語言反過來造就人類──造就人類的理性；造就人類的感性；造就人性！

所以，比如像我們（人類）是否要將思想情意訴諸語言，傳立文字，這類問題就往往不只是個人的品味和情趣問題，而具有方法論上的重大意義和蘊涵。如果不著說不言傳──如果不使用語言文字──人類有今日的理性和今日的感性嗎？人類是否擁有今日的人性呢⓬？

屬於方法論所考慮的（有關）語言問題甚多。比如，一切我們想要道說的，是否都可以使用語言加以道說。語言需要滿足什麼樣的條件才能說清或說盡我們所想要道說的內容。語言的使用與人類想要發掘的真理之間的關係怎樣。語言的特性是否規限了它所能捕捉的真理內容。語言的構成項目（如語詞或語句）最多只有可計數的無窮（即等於正整數或負整數或正負整數合起來那麼多），可是我們所要表達的是否不可能超出此數（比如，會不會跟實數一樣多或更多）。這世界裏或者我們的人生經驗中，是否有些東西無法描繪，有些分際（區別）無法做出（或至少無法做得像我們想要的那麼理想或準確）。如

---

❿ 這樣的說法涵蘊着（或假定着）理性演化論和情意(感性)演化論。參見❻。

⓫ 此問題正好像電腦算不算是一種工具一樣，必須在不同層次加以觀察討論。在低層次上，電腦可以像螺絲刀似的，提供最典型而又簡單的工具功能；但是從較高的層次看，它可以展現人類不易有、不常有、甚至不會有和不可能有的解題方式，為人類的「智能」開拓一個新境界。

⓬ 我們無法在此比較深入地討論人性論，尤其無法討論怎樣區別「經驗人性論」與「形上人性論」，考察兩者之間的準確關係。

果是的話,那我們如何彌補此一缺陷(或如何說通自已以求心安)。描述（比如使用語言的陳說）和呈現（比如使用圖畫的表現）有何不同,兩者又有何關聯; 它們能否相輔相成, 合起來一起達到彼此獨立作用所無法達成的目的（比如語言可以特定, 但不易完全; 繪畫呈現全體, 但却沒有特定明指）❸。我們日常的語言用法似乎是互相矛盾或不一貫的, 否則就是用法規則過分細膩複雜令人難以適從。這時, 我們要怎樣避免運用(日常)語言去解決思想和解題所可能引起的「邏輯」困擾。再製日常語言或創造人爲語言（專技語言）各有什麼問題。兩種做法所可望解決的問題是否等範, 或者各自解決了不同的問題, 而又各自製造出新的問題來。語言一方面繫接人心, 另一方面指向世界（而人心又是世界的一部份）, 這時語言與心靈之間(這兩項關係中)要講究什麼品質; 語言通過心靈與世界之間, 或者心靈通過語言與世界之間（這三項關係中）又要講求何種品質。我們的語言包含着外範用法和內涵用法, 兩者之適用性的鑑定來自對象的性質或來自人類的決定（比如, 目的因在自然科學的理論上──但非在人文社會的研討上──漸失（或全失）地位, 那是自然事態的性質使然, 或者人類的方法論考慮有以致之。或者發問: 「奧康之刀」是方法論上的工具, 或是經驗世界的定律, 或是形上世界的法則）。於是, 語言的功能問題、指涉問題、意義問題、構成與本質問題、可能性與有效性問題、細密性與精確性問題等等等等, 全都突出呈現, 而且一個問題牽引着另外一個或幾個問題來。

---

❸此點的重要性在於呈現給我們的表象(印象等感覺內容)是連續的(像圖畫),可是我們由之抽取出來的認知判斷却是離散(不連續)的(使用一個個語句, 應用到一個個概念)。前者不必先做區別就可以呈示, 後者一經進行就無可避免地做了區別。

第三，有關系統的建構和理論的證立與接納問題：任何的學說或理論都含有一種「系統性」，雖然不一定在該學說或該理論所「寄棲」的語言層面上表現出明顯的系統結構。但是，我們却得發問，爲什麼學說與理論需要講究系統性？什麼叫做系統性，滿足什麼條件才算是一個系統？如果我們需要樣本或範例，那一種系統算是典型的系統（數學系統、邏輯系統或其他什麼系統）？針對同一範圍的題材，針對解決該一類題材所引發的問題，如果有不同的理論在爭抗角逐，我們選取其一捨棄其餘，所使用的標準爲何？因此，卽使只有一個理論存在，我們應該如何改善，使它符合某種接納標準。製作理論的目的何在。除了建立知識，組織經驗，捕捉眞理而外，還有沒有其他目的；因此，除了眞假對錯的標準外，還有那些或邪類的標準。像「一貫性」（不矛盾性）、「完全性」、「簡單性」、「廣含性」等等性質是什麼性質（比如是邏輯性質或實用性質）。理論的採納或揚棄是否沒有（廣義的）「政治」因素，而只有（狹義的）「學術」標準。邏輯在建立系統和成就理論時所扮演的角色和所據有的地位如何。邏輯提供理論的證立原理和證立程序（比如證明的原理和證明法）。可是邏輯由何產生。它也是系統和理論（而且有不少不同的系統和不同的理論），它也使用着某種特定的方法（比方形式的方法）。因此用來證立其他理論的理論，本身又要尋求證立上的依傍了。

第四，有關問題與（狹義的）方法的問題：一般言之，理論的建立，系統的構造，甚至概念的形成和語言的使用，以及各種層次各類方法的發明和應用，基本上都是爲了要解答人類的疑難，或解決人類的問題的。可是什麼算是問題。有些問題是理論問題，只要建立知識或成立信念，問題也就解決；可是另外有些問題是實際(實用)上的問

題，需要找到實行或實現的程序或策略，問題才算解決。所以像上面所說之建立理論直到發明實踐程序，全都是爲了解決不同種類的問題所提出來的解決方法。也就是說，方法的性質、樣式、種類和運用方式，是隨着我們懷有的不同目的，想要解決的不同問題，而有所不同的。然而，並沒有問題是天生自然的。對於人類而言，只有我們感受到問題，那才成爲問題。人類在不同的時代感受到不同的問題，雖然我們可以通過語言文字交感同情，因此人類從有史以來所覺察到的問題，我們都可以（至少旁觀似地間接）感受到。可是，不同時代往往有它各自獨特的緊迫問題，這些問題急待解決，因此費盡當時的人的心思。其他的問題雖然仍然在歷史上存在，在人類的記憶中存在，在「理論上」存在，但却因爲顯得與時代的精神或困境無關，而少人理會，甚或無人聞問。那類問題的解決方法也就少人關心，甚或無人研究。也因爲這樣，不同的時代往往有不盡相同的方法論的關切點：方法論的發展也就因而不是均勻開拓，平衡進步。

人類到底發問那些問題，這是有時代性，有傳統性，甚至有習慣性的事。但是問題一經發問展現出來，我們却往往可以跨越時空謀求解決的方法。方法論在這個關鍵上又顯現出它的獨特性與超越性。愈高層次的方法論愈是如此。

有時我們使用某種方法獲得可觀的成果之後，容易自覺或不自覺地抱持該種方法(甚至堅持使用該種方法)做爲解決同類問題（甚或同一題材範圍內的各種問題）之典型方法或模範方法。可是值得注意的是，方法的固執有時限制了解答的可能性，或者阻擋了實踐的可行性。比如，只准使用直尺和圓規，我們無法三等分一個任意角。同樣地，堅持使用某種特定的公理化系統法，我們捕捉不了所有的「算術眞理」[14]。

[14] 這是由著名的「格德爾不完全性定理」推衍出來的結論。

這表示方法有時自己限制了它可望解決的問題範圍。這就是說，有時候問題的無解是因爲我們規限了可用的方法使然。

不過我們要注意做一個細小但却甚爲重要的區分：某一方法應用來解決某一問題時，得不出解答（無解），這並不表示某一方法應用到該問題上時，一定得出錯誤的答案（壞解）。除非我們能够證明在某一方法之下，某一問題無解；不然的話，我們仍然可以「合理」地使用該方法，試圖解決該問題。這是方法論上值得保衞的原理；而事實上這也是不得已的事 ⑮。

我們常常提及演繹法與歸納法的區分，或者述說分析法和綜合法之別。類似這樣的區別到底指出什麼重要的方法上的訊息，這是值得詳加研究的。可是有一個誤解必須及早澄清，正像爲了證明幾何題目時，使用直尺和使用圓規並不是互相排斥，有時甚至可以交互替用（當然有時我們可以只用直尺而不用圓規，或反是爲之）；同樣地，爲了解決一個問題，有時我們可以演繹與歸納並用，分析與綜合兼施。它們兩個並不互相排斥，雖然它們各有特點，甚至各有限制。

方法原理論的一大原則是：除非必要或不得已，否則不要有意充當方法論的「清教徒」，頑强地只願使用一種自己喜愛或擁讚的方法。這一原則的推行也導致方法論的多元主義（參見❶），也使得方法原理論的開拓更加活潑而有生氣。

第五，有關理性或人類心靈一般的問題：表面上看來，方法論似乎不必挖掘到如此深入的地步。但這要看我們所處的時代裏，人們對於方法需要做出多麼深入的思索和反省而定。當傳統的方法（論）動

----

⑮我們通常無法先證明某方法對某問題的解決有效，然後才着手使用該方法去解決該問題。這裏提及的這個方法論原理與作者持有的「方法中立性假設」相干而並立。有關方法中立性的意義，參見❸所提及之(2)及(3)。

搖不穩的時代，我們需要挖深去討論，才能獲取洞見，也才可望解決
那時代的疑難。前面已經說過，我們這個時代也正是思想與學術和一
切文化與人生全都發生過大變動的時代，正是傳統動搖，甚至崩潰的
時代。我們舊時的方法論也多方受到壓力，甚至全面遭到批判與攻擊。
我們需要加深方法論上的思索，加強方法論上的自覺，推廣方法論上
的研究，才能重新建立未來這個世紀的方法論（方法原理論或方法哲
學）。在這樣的情勢下，只在表面上清談解決不了時代的問題；同樣
地，只在低層次的（分科）方法論裏頭着力，也無法幫助疏通時代的
困惑。作者認為我們必須直指人類理性，甚至兼察人類感性（尤其是
人類的情意），追索逼進人類心靈的內涵玄秘與運作奧妙，才能反身
過來，重看方法原理，而對許多方法原理論上的原理原則有更深刻的
體認和更堅實的闡發。因此，作者認為二十一世紀的方法論的主要戰
場將開闢在心靈哲學或哲學的心理學的領土之上 ⓰。這種情勢並不表
示哲學家劃出「遼河以東」充當方法學家爭奪撕打之地，而自己有心無
力地在旁做壁上觀。作者在前面已經提出，就實效的層面看，尤其從
它所衍生出來的功能看，特別是從它所實際表現的成就看，整個哲學
就是方法論，就是方法原理論。（當然有時哲學系統只是方法原理論
的一個例釋而已）。二十一世紀的哲學景象已經開始漸露雛形，心靈
哲學將成為奠基哲學，哲學的智慧將投入其間，並且也再出乎其外，
為方法原理論開闢更廣濶的境界，也為它開拓出更充實的內涵 ⓱。

⓰ 在作者的心目中「心靈哲學」與「哲學心理學」兩者並不等範，它們各自有
　其獨特的關懷與專門的問題（當然它們也有共通的概念、語言和理論）。兩
　者的區分和關聯有如「邏輯哲學」與「哲理邏輯」的分別和關係一樣。不過
　在此我們暫時不必細察計較這種分野。
⓱ 也因為這樣，作者主張和強調中國哲學家（甚至整個東方哲學家）在二十一
　世紀的哲學裏要有所貢獻的話，必須努力投身於中國的（或東方的）心靈哲
　學或哲學心理學的開發。

上面論及語言問題時，我們曾經提到人類的理性；說到邏輯的問題時，人類理性的影子也在幕後徘徊不去。爲什麼會如此呢？道理說來似頗簡單：語言是表意傳情的系統，可是一切的意念或情意全部都是心靈的事物。語言的活動是人心的意向性發展促進生出的現象，人類使用語言所表現的規則或規律性也必須在人類意向性的內涵與特質（甚至系統結構）之間，加以認識、定位和推展。我們的意向性是人類理性（與情意）活動的表現，探究人類理性可以更加理解人類心靈的意向性的外範廣度和內涵深度，增進我們對語言的意義、用法、功能、系統性、規律性甚至規範性的認識；並且加深與加強我們對這些和語言（活動）有關的項目之處理與運用。可是另一方面，語言系統既經創造構作出來，它又擁有一種獨立的生命。它可以較恆久不衰地固定人類理性和情意的內涵和結構，使人在歷史的流程之間，不但可以有自然的演化（那似乎不大明顯）而且可以有文化加諸人類自己所促成的演化（這方面的演化似乎遠較可觀）。這也是爲什麼我們說人類創造了語言，可是語言也反過來造就人性。其中的樞紐關鍵就在人類的心靈──心靈的意向性所促成的開拓與發展❶。

邏輯的情況亦復如此。我們可以簡單地發問：邏輯的規則本身要如何證立？邏輯的理論與理論之間（系統與系統之間）要如何比較和如何加以取捨？在實效上，我們可以觀察邏輯應用在這個經驗世界上所產生的效應，正好像我們可以衡量數學在各個學科及其他經驗領域的

---

❶動物只有自然的演化，欠缺文化的演化。牠們的個體無法站在牠們種類中的「巨人」的雙肩上再向前拓展或向上攀升。動物在適者生存自然淘汰的命運下演化，人類除了處在這種命運的支配與安排之外，還可以自己開拓命運的契機，在歷史與文化的演進中，把自己再創成爲可以繼續生存下去（或更可以如此）的「適者」。

應用情況一樣，可是我們想要些什麼效應？為什麼要這樣的效應？這樣的效應能够成就什麼？為何追尋這種成就？像這類問題就不能由邏輯系統或理論本身加以解答。不但如此，邏輯充當證立工具時，本身的證立問題如何解決？不管我們說是用邏輯本身來證立自己，或是說構作一套後設邏輯來證立邏輯，都再回歸到方法原理論之中，因為循環論證的問題和無窮後退的問題，至少其中之一，總是糾纏不去。最後，不管是訴諸某種有訓練的直覺，或是仰仗先天自明的能力，都會追溯到理性的內涵或理性的作用。我們甚至可以發問：理性到底是一種態度，或是一種（一套）實質內容？

　　從作者所採取的人性演化論的觀點看，人類的理性可以演化，而且事實上是在演化的過程當中。促使人類的理性演化的，有許多因素，其中之一大要素就是人類在理性的督導下創建出來的邏輯。正像在語言裏的情境一樣，理性構作和證護邏輯，邏輯却也反過來進一步成全和塑造理性。人是理性的動物，因為人在不斷不停的「理性化」（理性演化）的過程之中。

　　然而，我們的理性化並不是個（至少不全是種）自然的歷程。它主要是種文化的演化，它是種文化的歷程。可是我們為什麼要理性化。這個問題又回歸到方法的原理論了（特別是其中的價值原理）。

　　在今天我們這個世紀裏，談論起人類的理性和人類的心靈問題時，我們已經不能像過去長時期的傳統一樣，談論自然演化下的理性（與心靈）兼及一般歷史文化演化下的理性（與心靈）。今天我們談論理性和人類心靈，除了那樣的傳統「識野」和一般見識而外，更要注意人類所創造的「人工智能」所帶來的刺激、衝擊和啓發。電腦無法（完全）取代人腦——假定人腦能够繼續發揮它的獨特功能，並且人類能在未來的歷史長流裏，繼續接受挑戰順利進行文化上的演化的話，但

是它的進化（演化）將繼續把人類的理性帶到不同的境界，帶向不同的高度。將來人類是否要跟隨電腦之後，學習一些新穎的解題步驟（改變較低層次的方法論），目前尚難定論。連電腦是否將使方法原理論產生天翻地覆的改觀，目前並不是一件不可思議的事。正像在語言和在邏輯裏頭的情境一樣——但是衝擊程度當會遠較巨大——人工智能將很快變成不只是人類的工具，它就要反過來塑造人類的理性，塑造人類的情意，塑造人性。

這就是爲什麼在二十一世紀裏，心靈哲學的探討將會是主導的哲學潮流（至少是最重要的主導潮流）的緣故。今天在方法原理論裏困擾我們歷久不休的難題，像分析與綜合問題，像實然與應然問題，像心物問題，像「我外心靈」問題等等，都將在下一世紀的心靈哲學的探討裏得到更加深入的思索或更加妥善的解決；不但如此，作者相信卽使像事實與價值之間的問題，也將在那樣的哲學思考之中，獲得更加妥當的安排。總之，下一世紀的心靈哲學將爲方法原理論開拓出更寬廣的新天地，發掘出更基本的方法原理。目前這方面的哲學方向正在醞釀成型之中，而且直接間接催化這種哲學探索的無他，正是二十世紀（尤其後半世紀）的語言哲學和邏輯哲學。（如果我們從以上所說的加以觀察，此一現象的產生也就絲毫不足爲奇）。

以上我們並未對方法原理論的範圍做出完整的描繪。我們也並沒有對所列舉的五類問題做出很詳盡的闡釋。我們所做的只是舉出該等分區裏的一些典型問題，用以例釋方法原理論的性質和其關切點。我們在敍述問題的時候，儘可能顯示出許多方法論問題之間的彼此關聯，尤其注意解說那些方法論的問題，追根究底起來，全都關聯到人類的理性（兼或與人類的情意相干）。因此注目於人類理性的內涵，理性的作用和理性的演化，是追求方法自覺的最後依歸。

　　我們沒有觸及的方法論問題仍然很多，其中有些甚爲重要。尤其是那些跨越前述各分區的問題。比如對於我們所注目的對象（或研究對象）的分類問題，對於我們所要探討的題材的分界（決定範圍）問題，範疇問題，解題情境裏的假定問題，直覺與自明性問題等等。其中像研究對象的分界問題就是當今方法論上的一個重大問題。二十世紀科際整合的夢想雖然沒有實現，但是跨科研究的成果的重要性却又與日俱增。又如範疇的問題：它們到底只是概念架構，或是人心結構，或是形上存有：設定了它們的不同地位，在理論建構上具有什麼不同的意義，在方法論上又引出了那些不同的問題等等。

　　另外還有一點有關方法論的事值得在此提出。我們在這一節裏所談的是方法論的（哲學）原理。方法論當然也可以從其他的觀點、假定和關懷來加以有系統的討論。甚至可以將其成就建成不同的方法學科。比方，我們很容易設想底下這類學科的構成和探討主題：方法歷史學、方法社會學、方法人類學、方法心理學、方法經濟學等等。這類學科的研究可以爲方法原理論的探討提供寶貴的資料。但是它們不是我們在這裏所說的方法原理論，也不可能用來取代原理論。事實上，它們的探索背後假定着方法原理論，它們的構作需要接受原理論的指導。

三、方法論與教育

　　教育是種多方面多層次的活動。教育學是個既龐大而又繁雜的學科。採用不同的觀點，我們觀察到不同層次的教育活動，關懷不同的教育問題，我們構作出不同的教育理論。

　　簡單言之，教育學是一種既要講究理論又得講究實踐的學科。沒有理論，教育流於盲目；缺乏實踐，教育淪爲清談。可是它的龐大繁雜

在於，不管我們從教育的理論入手，或從教育的實踐着眼，我們都不可避免一些兩極性的衝突、對立、調節與平衡。其中最值得我們注意，而且在這個時代最具有其關鍵意義的，至少包括下列數端：第一，目的性與手段性之間的對立與平衡；第二，單元主義與多元主義之間的對立與平衡；第三，精英主義與普及主義之間的對立與平衡，第四，將來性與傳統性之間的對立與平衡；第五，循規性與創造性之間的對立與平衡；第六，現實性與理想性之間的對立與衝突；第七，必然性與可能性（創新性）之間的對立與平衡；第八，知識性與價值性之間的對立與平衡；第九，個人主義與集體主義之間的對立與平衡；第十，自由主義與約束主義之間的對立與平衡，第十一，通才主義與專才主義之間的對立與平衡。（這些問題之間，常常彼此關聯，甚至交互依傍）。

上面這些問題全都在不同層次或不同的關鍵上牽涉到方法論（包括方法原理論）的問題。講究實踐，必須注意教育的實踐方法論；重視理論，必須考慮教育的理論方法論。不但如此，上述那十一種對立與衝突，也必須在方法論的照應之下謀求調節與平衡。否則教育事業不是淪於混亂，亦必陷入茫然。

因為這個緣故，本節將區分為兩部份：第一部份討論教育的理論方法論和實踐方法論，並且考察兩者之間的關係，注意它們牽連出來的方法原理論問題。第二部份旨在顯示前述的教育思想與教育方針的衝突對立怎樣安立在方法原理論中，加以觀察、研究與處理。

教育的事業不能停留在觀念上的經營。一個教育工作者，也不能滿足於理論的宣揚和系統的構作。教育必須講究實效，講求如何通過教育實施的步驟與方法，養成值得我們讚許的個人品德、智識與習性；培育衆人之間的團體情愫和風尚；建立令人嚮往，值得大家投身效力的社會等等。因此，如何將教育的理想，從概念的層次發展成為可以

見到結果收取實效的工作，一直是教育家所追求和夢想的事。這種「理論」和「實踐」之間的關聯與勾通，在不同種別的教育實施進行過程中，雖然容有着重等級的不同，但是它們所牽涉到的原理原則，在根本上是一致無二的。比如，就是在最為講究實踐和實用的專業教育（比如各種職業訓練）之中，也經常存在着所學所知是否過分「理論化」，而與所做所為分離脫節的問題（這時所做所為大多成了習慣或經驗的延續，不常是知識或理論的指導）。至於在一般學校正式教育系統下的智育、德育、體育、群育、美育（包括情育），更是到處充滿着典型的例子。

　　表面上看，這似乎並不是一個大難題。我們似乎可以從教育學的兩個不同層次分別尋求這類問題的因應解決之道。教育的實施必須奠基在正確的教育理論之上，尋求正確的教育理論是教育的理論方法論上的事；相反地，有了正確的教育理論之後，我們必須設計良好的執行方法或推展方案，正確的理論才能有效地付諸實現，而尋求有效的實施方案，正是教育的實踐方法論上的事。所以，只要在這兩個不同層次的教育方法論上兩相配合通力合作，教育學上的「理論」和「實踐」問題當可迎刃而解而無不可踰越之難關。

　　在理念上，這樣的想法並無大錯。教育的理論方法論和教育的實踐方法論可以各有專司，自求發展；但是只要配合得宜，教育的理論就可以因注重實踐而不落空；同樣地，教育的實踐也可以由於理論的指導而不盲目。可是這種密切的配合和通力合作只在理想的情況之下才容易獲致。一般我們所見到的，仍然是理論與實踐之間未加充分的配合；甚至兩者互有衝突，進而形成兩極化，各走極端。

　　這種不易謀求配合一致的現象並非事出無因；不但如此，這種衝突的存在也並不是全屬枉然白費。我們業已說過，各層次的方法論在發展上容易演成獨立自主各自為政的事。教育的理論方法論和實踐方

法論之間，自也不屬例外。從好處看，兩者維持某種程度的獨立，往往可以不因一方面的獨斷和偏執而將整個教育事業引向歧途導入絕路。這是創新和進步所不可或缺的「安全瓣」，也是發明和適應變革所依賴的潛藏活力。當然，這種對立的緊張和吸引只有在適當的距離之內才能有以奏效。倘若教育的理論與實踐之間各自南轅北轍，互不相干的時候，教育的事業也容易流於盲目，或失之空洞。

　　舉個例子來說，教材與教法是教育實踐方法論中的一個重要的課題。教材的編寫和教法的設計在相當自由而無所顧忌的情境下，容易推陳出新創造發明；加上科技的運用和製作技術的巧妙配合，往往可以將教材的內容和教法的變化推展到一種登峯造極的程度。可是如果完全不理會教育的目的和教學的理想，只是一味地為教材而教材，單純地為教法而教法，不出幾時，這種創造和進展馬上輕易落入形式主義，甚而演成末流無聊。在我們這個時代，那些所謂「電化教育」和名為「視聽教學」的殊多玩意，正在不自覺地步入這種困境之中。許多教育工作者不明究裏，只是力求新鮮或是盲目跟從，就以為使用幻燈機、錄音機、電視機、「頂上投影機」等等設備就算是現代的教學法，甚至是進步的教學法。殊不知如果不好好考慮這些教學儀器的功能和局限，應用起來往往成效可疑，甚至可能弄巧反拙。比如，許多視聽教學法對於概念的圖象化具有積極有益的貢獻，可是另一方面卻因為趨向具體的表現而限制了概念的內容，限定了學者想像的自由和推理比擬的方向。書本文字上的概念表達和電視畫面上的圖象表現，兩者具有不同的作用和限制，我們必須根據教學上的目的與需要而慎加選擇，或巧為配合。不可因為時髦流行而盲目偏執，趨之若鶩。時下所謂的電腦輔助教學也正在面臨被誤用和被濫用的危險。這是值得我們特別加以警惕的事。

　　當然我們並沒有主張教育理論方法論和教育實踐方法論之間，必須完全首尾銜接，一一跟緊。前者必須不斷接受系統概念上的挑戰和價值理想上的指導；後者則必須注目於技術的發展和演進，力求增強實現的新方式和新可能。所以我們千萬不可以因為害怕理論和實踐之間的可能脫節，因而就死板規定兩者必須同進同退，亦步亦趨。事實上這樣的規定不但不是力求理論和實踐扣緊掛鈎的良好辦法，它反而容易導致沒有創新的一元化，造成欠缺進步的教條主義。這是現代教育方法論上所應該盡量避免的事。從許多可以預測到的結果看來，在教育的方法論裏──不管是在那一個層次之上──我們應該鼓勵（至少必須容忍）方法論上的多元主義，理論和實踐之間才容易呈現富於創造發明的活潑景象。在科技進步的時代，方法論上的絕對主義和一元主義特別顯現出它的局限性和可能的弊端。

　　舉個現代受人注目的論題來說，我們有許多教育工作者苦於德育一事不知如何着手進行。這是個什麼問題呢？它是不是單純的道德教育的實踐方法論上的問題呢？如果我們以為的確如此──以為在道德教育的理論方法論上概念清楚，理想明確，困難的只是如何制定方案加以實踐推行的問題──那我們可能就大錯特錯。道德到底是什麼？一個社會裏是否只能有一個單一系統的道德價值理想，是否只能容納單元的道德指導原則？道德比較接近藝術或者比較類似律法？它是理性認知的對象或是情意欣賞的目標？不同的社會結構是否指向不同的道德內涵，不只讚擁着不同的道德條目而已；類似這樣的問題顯然不只是道德教育的實踐方法論上的問題，它們顯然是理論方法論上的事。我們現在事實上面臨着道德教育的理論問題，而不只是實踐問題而已。

　　當教育的方法論發生問題之時，我們往往必須跨越它的專科方法論，而着眼於「教育哲學」上的原理原則，考慮方法原理論上的問題。

上面曾經提到，在我們這個時代，有一些方法原理論上的問題值得關心教育事業的人士深思。現在我們簡略地將這些問題陳述出來：

第一，目的性與手段性之間的對立與平衡：教育是為了成就人類和他的社會。分析到最後，我們必須肯定人的養成是教育事業的終極目的。可是時至今日各種學科趨向專門化，甚至專技化。學術的研究本身具有它的獨立標準和特定目的。教育的目的到底為了培養人的心智（與情操），或是為了促進學術的進步與發明，成為關係微妙，不容易簡單分別了斷的事。我們必須從各種不同的教育階段，不同的教育形式和不同的教育對象入手，檢討如何將「為人生而學術」和「為學術而人生」做到最良好的平衡點，使人生不因專為學術而迷失意義，也不令學術為了人生而喪失其發展的自由與機會。

第二，單元主義與多元主義之間的對立與平衡：為了教育的施行效果，我們往往採取單元主義的取向：統一教育內容，甚至統一教材和統一教法。可是教育必須養成人類解決問題的能力，特別是面對新局面的應變潛能。如何在有制式、有範型、有例樣、有統一標準的教育管理之下，產生創新性的獨立思考，造就不一味跟從的解決問題方式，那是活潑的教育啟發和死板的教條灌輸的區別。完全欠缺規範，現代教育將無以實施，可是標準淪於死板，人類心智又會受到桎梏。如何在單一準則和多元變化的對立之間，求取富有創新性的平衡，這是當今教育實施上的急務。在一個多變化的時代，不淪為混亂無章的多元品質是保持社會進步和人生圓滿的重要條件。

第三，精英主義與普及主義之間的對立與平衡：在崇尚自由和平等的時代，在注重人權和均利的社會，教育的普及和受教育的機會均等特別受到重視與保護。這在提高人類的一般心智和促進社會的知識水準上，具有不可忽視的直接貢獻。可是教育的普及不應只求一般民

智成長上的平等，也應該照應社會上具有特殊才華的人士之教育和蓄養。尤其是在財源有限，需要愼加計劃分配使用的情況下，如何達到啓發一般民智，而又沒有忽視培養特殊精英，這需特別着力協調。人類心靈的高度成就往往是精英主義下的產物。就是不要求過分高遠，一個社會的卓越領袖也往往不是普及主義下的自然產物。所以，精英教育和一般教育之間的平衡是計劃教育中不可不愼加思考的事。

第四，**將來性與傳統性之間的對立與平衡**：教育是着眼未來的事業，教育工作者是對將來懷有信心和決心的人。可是人類的歷史文化和社會建制全都由來有自，絕少無中生有。因此，對於未來經營的成功，往往有賴從過去的演變過程中吸收可貴的敎訓。文化遺產和歷史傳統的積極意義在此，因此它們的正面價值也在此。從事教育事業的人一方面是尊重傳統的人，可是另一方面却又是反抗傳統的人；他一方面在開闢人類將來發展的軌跡，可是一方面也要把未來軌跡的投影接連延續在過去歷史文化的進程的延長線上。所以教育家是個保守的人，也是個激進的人。他需要在傳統的古舊和將來的未知之間，建立一個可以踏足前進的平衡點。

第五，**循規性與創造性之間的對立與平衡**：教育事業終久是一種建設事業——它是一種人性的建設事業和社會文化的建設事業。一種建設事業的成功，有賴建設所依的計劃與藍圖。教育的建設自也不屬例外。可是凡是計劃與藍圖都劃定了許多必須遵循的秩序和步驟，有了既定的秩序與步驟，創新性的發明就不容易在途中呈現。因此，在教育的事業裏，何時應該講究循規蹈矩的規劃執行，何時必須破格廢例鼓勵創造，就成了有待明智抉擇的大事。

第六，**現實性與理想性之間的對立與平衡**：教育家無疑是個講究理想的人。可是教育事業上的理想，不像文學藝術上的理想。必須建

立在穩固的現實的基礎上。過分的現實固然令教育淪爲社會現狀的侍僕，可是完全超離現實的理想，却又只能爲平庸的現實塗抹一絲虛幻的色彩。困難的是，一種理想是否可以付諸實現（或部份實現），那不只是一件邏輯上的事，它也是件歷史文化的事，是件社會的事，也是件人性和人心上的事。教育家不只是個講求邏輯的人，他必須能够在歷史文化中，認清社會現實，把握人心動力，甚至開創人性契機，這樣他才能够設法安立他的教育理想，將它根植在現實的可行性之上。（道德教育上的理想性就是一個明顯的例子）。

第七，必然性與可能性（創新性）之間的對立與平衡：教育家不但要明辨什麼是可行的，什麼是不可能的，而且往往需要在看似必然的規律連環中，創造出新的可能，使人類不僅只能走在命運所安排註定的老路上。從這個觀點看，教育家特別重視怎樣打破人類個別的條件限制和人類集體的惰性與慣性（一種必然性），努力着眼於人類種種社會建構的翻新，注目人性演進的可能。所以，教育家常常是社會改革者，他們甚至是人性的革命者。

第八，知識性與價值性之間的對立與平衡：根據傳統的概念與主張，教育的目的在於培養完善的個人品德，甚至進一步促成美好社會的建立。可是，由於知識細密分化的結果，知識性的傳授成了各層教育的主要功能。價值上的教導與傳授逐漸無法跟著知識的分化而保持原來的面貌：價值的成立基礎和評判標準遠離了知識的指導與支持，以致目前價值教育成了整個教育中最脆弱最無力的環結。知識性與價值性之間的分離，令知識產生長足的進步，可是價值教育的落後却令知識進步帶來的成果無法直接有助於人生的幸福和社會的安樂。未來的教育家必須能够在根底處尋覓知識教育和價值教育的互通條件和交會基礎。方法原理論必須在這方面進行更爲大力的開發，彌補今日偏

倒一面的困難情境。

　　第九，**個人主義與集體主義之間的對立與平衡**：教育的事業必須通過個人的養成才能得以見效，可是教育的成效却不能只停留在個人自我的養成之上。個別的一己成就和集體的大衆利益之間，經常存在著有待調節的對立。在方法論上個體的性質和關係的眞實性與集體的性質和關係的眞實性，必須有一個合理的安排，我們才不容易將其中之一簡單視做成全另一的手段與工具。極端的個人主義和極端的集體主義全都容易導致人性尊嚴的喪失和社會公義的淪亡。在這個關鍵上，價值原理上的個人主義與集體主義之間的平衡，首先要建立在方法（原理）論上的個人主義與集體主義之間的平衡。

　　第十，**自由主義與約束主義之間的對立與平衡**：自由而不散亂敗壞，約束而不阻塞窒息，這是創作與進步的必要條件，也是人生圓滿和社會安定的成就因素。教育提供一種生活方式的指望，甚至進一步標示人性建立和演進的冀圖和期許。方法論必須考察我們爲了保全什麼自由，因此必須提倡什麼約束；或者需要打破何種約束，以成就何種自由等等。人性的自由不是單純天生的賦予，更是人類自己創造開發的結果。我們需要在原理論上考慮奔放與克制之間，什麼是我們企圖保持的平衡點。

　　第十一，**通才主義與專才主義之間的對立與平衡**：知識的分化和社會建構的精細化對於個人品質的完整帶來極大的威脅。人類慢慢演向發展狹隘的能力，而無法養成完整的人格。教育往往配合這種專業的趨向而走向專才主義的道路。個人也就成了人性品格中的一個狹窄切割下的分離體。一個人不只在識野和品格上切割壓縮了，而且更在這種切割壓縮下不平衡地分崩離析了。個人的意志、願望、情懷與品味無法緊密地配合他的認知判斷的技巧和能力。個人成了沒有整合、

沒有統一的拼合體，缺乏通達廣博的識見、胸懷與追求。

　　明日的教育家必須思索怎樣在教育上抑制這個時代性的傾向，令教育的事業回返到兼顧培養完整的人格，而不只訓練專精的智力和技能之上。在專精智力的發展和全面人品的養成之間，尋覓一個可以使人生與人性進行改進演化的平衡點。

　　以上所列舉的，並不是有關教育的方法原理論中的所有問題（甚至也不是所有的重要問題），但是它們却是我們處在今日展望下一個世紀的教育事業時，所面臨的一些尖銳突顯的問題。二十一世紀的教育工作者在檢討以往教育事業的得失成敗，在展望未來教育的前途遠景之時，不可避免地會遭遇到上述這類根本性的問題。他們在教育方法論（理論方法論和實踐方法論）的探索研究和斟酌策劃之中，終久也會面臨這類的問題。我們可以預見，二十一世紀的人類心智將大量投資在這類方法原理論的問題之上──釐清概念、闡釋問題性質，並且進一步提出解決問題的方法，因為在經過這個世紀在教育實踐上的種種舉步艱難之後，我們將更加深切體認到我們必須從更基本的關鍵處着手改弦更張。而不能只停留在技術應用的層次上標新立異。這些方法原理論的問題就是一些哲學的問題，這些有關教育的方法原理論問題也正是一些教育哲學的問題；二十一世紀的一個重要景象是，表面看似不相干，而且常常受人忽視的哲學探索，又要廣泛地用來解決人類的難題，而且正是要從以往不受人注目用心的根源處，解決人類所面臨的難題。

理論的構成與功能

——謹以此文紀念方東美老師逝世十周年

一、理論是什麼：一些闡釋與釐清

「理論到底是什麼？」這是一個本身複雜而且牽連廣大的問題。它本身複雜，因為一般我們號稱為理論的，往往沒有一個共同的判定標準。我們無法從形式結構上，準確地認定什麼是理論，什麼不是理論；我們也無法從內容包涵上，毫無疑問地指認那些是理論，那些不是理論；同樣地，我們也不能單從功能或作用上，確切不移地劃分那一類的東西是理論，那一類的東西不是理論。什麼算是理論？這個問題的答案，可能因為不同的文化傳統，不同的歷史背景，不同的學科領域，甚至不同的實際考慮，而不盡相同，甚或大為不同。於是，堪稱為理論的，可能品種繁多，紛紜殊異，要談論它們的構成和功能問題，就必須小心注意我們的含蓋範圍和着眼點。

討論「理論」所遭遇的困難，還不只是因為它的種類紛繁，特徵不一；更重要的是，它牽連廣大，和許多其他的事物產生各種或實質或我們想像出來的關係。我們只要這樣試問：平時我們拿理論和什麼東西對立交比？或者拿它跟什麼東西相提並論？如果我們深入設想這個問題，認真提供種種不同的答案，我們就會發覺，原來躲藏在「理論」這兩個單字背後的，不只是一組粗細有別，鬆緊不一的概念，而

是有好幾組這種精粗各異，參差不齊的概念。舉例來說，有些人把理論拿來和實在相對立，認爲理論是些虛想空談的東西。在這樣的構想之下，理論最多只是一些華而不實的點綴。講究理論，就是崇尙空談；愛好理論的人，就是不切實際，好高騖遠，不腳踏實地的人。在這個意義之下，理論是些受人輕視，遭人物議的東西。至少是些理應令人如此對待的東西。

也有時候，人們是拿理論和實踐或實用相對立。實踐是指身體力行，付諸行動；實用則指具有實際效應或具體結果；兩者都有關於產生實效結果的作爲或行動。因此，在這樣的構想之下，理論往往是用來指導實踐的理由根據，或者用來產生實際效果的指導原則。在這樣的看法之下，理論不再是些老是遭人非議的東西。相反地，它常常是些受人重視，給人頻頻取用——有時甚至遭人過分引用，進而有意無意加以誤用——的東西。這是理論的一種重要類型——從它的應用範圍看，說不定是其中最重要的類型。平時我們區別「理論問題」和「實用問題」，考察兩者之間的關係，所意指的就是這種意義下的理論。

也有時候，當我們談說理論的時候，我們是拿它和所謂的「事實」相對立，把理論想成是用來統攝事實的東西。在這樣的構想之下，理論不是一些明顯的事實，而是用來組織或含蓋事實（包括過去、現在和將來的事實）的想法或說法。在這個意義底下，事實或許是天生的，但是理論卻是人爲的，它是人們爲了某些特定的目的，設計創造出來的東西。一般我們所熟悉的知識上的理論，特別是科學上的理論，就是屬於這一類的項目。

還有時候，我們拿理論層次的東西和感官經驗層次的東西做對比。例如有些人區別科學系統中的「理論語詞」和「觀察語詞」，甚至區分研究對象裏的「理論元目」和「（可）觀察元目」，就是明顯

的例子。在這種意義之下，理論上的東西或者理論性的東西意味着原則上不可加以觀察或者不可直接加以觀察的東西。這些到底是什麼，正是在科學史上以及科學哲學上歷來辯論無休，爭訟不已的重大論題之一。

從以上所舉的這些例子，我們可以看得出，當我們要設想有關理論的問題時，我們會面臨多麼廣泛而性質不一的領域，會遭遇到多麼紛紜而變化多端的問題。因此，在我們着手討論理論的作用和理論的證立問題之前，有必要首先追問我們所要探討的對象到底爲何物，釐清一下在我們的心目中，理論到底是些什麼樣的東西。

我們已經說過，堪稱爲「理論」的東西，可以因時、因地、因不同的學科領域和因不同的着重層面，而不盡相同或大爲不同。因此，我們所要做的第一步釐清的工作，就是對於我們準備探討的理論，在範圍上做一個必要的限定。

當我們考慮理論的構成及其功能問題時，我們要以知識上的理論——特別是那些號稱爲科學的理論——做爲典型的代表。可是，值得我們注意的是，屬於科學的和不屬於科學的，或者是知識上的和不是知識上的，兩者之間通常並沒有一個確切不移的界分。因此，我們可以說，當我們以「知識性」或「科學性」做爲標準，來選取我們所要注目的理論時，我們所捕捉到的不一定是一集完整而純粹不雜的事物。這就是說，我們不一定捕捉到所有那些堪稱爲知識性或科學性的理論；同時，我們所捕捉到的，也不一定完全沒有參雜一些其他可以算是非知識性，不是科學性的理論。所以，我們只能以典型的例子做爲我們分析討論的對象，希望所得到的結論，對於那些不是典型的例子，卽使不能一成不變地加以應用，至少也能提供一份多少有所助益的領會與瞭解。

　　理論和其他事物一樣，也有它發展和演進的歷史。同樣是知識上
的理論或科學上的理論，隨着不同的時代，展現出並不相同的外形面
貌和內容組織。我們也可以說，在不同的時代裏，人們對於知識或科
學的理論，具有不盡相同的要求和寄望。這不只是由於不同時代的
人，對於知識或科學本身的構想和展望有異；同時也因為他們對於知
識或科學的基礎研究和方法論上的探討，有着不同的開展方向和研究
成果的緣故。所以，我們也不得不在討論進行之前，首先有一個約
定，看看我們到底要專心注目於演進到什麼階段，發展到什麼時代的
知識理論或科學理論。不過，這樣的約定要下起來，遠比上面我們所
做的範圍限定困難得多。

　　約定雖然在於人為，但却不一定可以隨意為之，尤其是那些要用
來指導研究方向和規定討論範圍的約定，更不能只是為了講究簡單和
貪圖方便，而不顧慮因此所可能帶出的以偏蓋全和誤差失據的後果。
拿我們現在所面對的問題來說：我們絕大多數的人全部相信，人類的
知識雖然源遠流長，但却愈累積愈豐富；同樣的，我們的科學儘管起
乎遠古，然而却愈近代愈發達。可是，我們能不能因而就推論說，我們
的知識理論因而也就愈新近愈完善，我們的科學理論愈現代愈健全？
沒有細心思慮過這類問題的人，的確很容易滑落到那樣的結論之上，
可是它却不是一個正確無訛的結論。我們此刻擁有人類有史以來最豐
富的知識，但這並不表示我們現在所持有的知識理論，一定就比歷來
所有其他的知識理論，更加優越和健全。同樣的，我們當今所目擊的
科學成就，遠超以往任何時代的科學成就，可是這也並不等於任何過
往的科學理論，都必然無法和我們當今所擁有的科學理論媲美爭輝，
分庭亢禮。此中原因在於知識的累積或科學的進步並非完全得力於理
論的牽引和開導。知識和科學的生長往往歸功於世世代代的經驗積聚

和相爭互抗的理論之間的輾轉相生，互激互成；有時，失敗的體驗，錯誤的經歷，玄思的想像，甚至偶發的機運，也可能導致發現、發明和創造，引起知識的擴展和科學的進步。所以，我們不能只是武斷地將目前的知識理論，看成是最進步的理論；把當今的科學理論，充當最典型、最標準的理論範例。

由於這個緣故，我們不能只是着眼在二十世紀的知識理論和科學理論之間。我們要把目前的科學理論看做是整個現代科學發展演化裏的一個小結論；同樣地，我們也要將本世紀的知識理論看做是一些在現代學術（尤其是現代科學）的衝擊之下，爲了迎接挑戰，承先啓後而進行的組織建構的結果。知識理論和科學理論的發展並不是突然產生的，它們的進步也既不是單線進行，又不必然是直線前進的。所以，我們在這個討論裏，準備將整個現代學術中，比較成功的知識理論（尤其是科學理論）做爲我們心目中設想思察的對象；而且除非必要，我們也不強調現代學術傳統之中，古典的理論和現代的理論之間的區別（比如，我們並不無端區別古典物理理論和現代物理理論；古典數學系統和現代數學系統；古典邏輯和當代邏輯——比如多值邏輯、直覺論邏輯或「乏晰邏輯」等等），因爲就我們所要關切的問題——理論的構成和理論的功能問題來說，這樣的區分並沒有基本原則上的重要性。

當然，在我們放眼現代科學傳統中的理論之時，我們又面臨學科領域的選擇問題。我們究竟要以那一個學科裏頭的理論，做爲我們心目中的理論典型，充當我們討論時的思察對象？一般在科學哲學的討論裏，或在科學方法論的研究之中，人們多傾向於將物理科學（物理、化學、天文學等）裡頭的理論，做爲科學理論——甚至知識理論——的典範，因此以之做爲研究考察的對象。這樣的做法當然不是沒有理

由的（我們也要部份地跟從這個作法），因爲一般我們都同意物理科學中的理論，比起其他種種經驗學科裡的理論來說，是發展得最爲精確，最爲嚴密的理論。這樣的判斷當然是有具體根據，有事實基礎的。不過，假如我們只因爲這點根據和基礎，就將物理科學裡頭的理論視作一切知識理論的典範，那麼我們是否也就有意無意地涵蘊着一個影響深遠的方法論上的基本假定？認爲一切其他的學科都應該向物理科學看齊：採取它的研究方法，使用它的檢驗方式，跟隨它那種構作理論的辦法。至少認爲其他學科的理論——比如社會科學的理論和人文學科的理論，全都應該以物理科學的理論做爲榜樣，儘可能地將前者推展到後者所達到的境界。這是一個很基本的方法論上的問題，也是一個既重大又困難的問題，我們只好將之留待將來專文討論。所以在我們現在這個討論裡，我們決定對它存而不論，暫時不加認許或否定。可是，我們却要以物理科學中的理論，做爲我們構思立論時設想存察的對象，因此我們要明白交待：當我們設想或提出物理科學中的理論時，我們是以它們做爲知識理論的典型例釋。但是我們却不因此假定那是唯一的一類典型範例。也就是說，在科學典範的一元論和多元論之間，我們仍然還未做出一個抉擇性的取捨和定奪。

現在讓我們跟着發問：什麼性質的東西算是理論？或者這樣發問：理論到底是種什麼樣的項目？比如，理論到底是具象的東西或是抽象的東西？是語文的項目或是非語文的項目？是種獨特存在的個別事物或是種具有某些通性的集合體？

我們爲什麼會這樣發問呢？爲了顯現這個問題的面貌，讓我們首先舉一個比喻（不是例子）來說。我們通常好像對語言文字之事甚爲熟悉，正好像我們對於理論之爲物並不陌生一樣。可是讓我們發問：我們所謂的「字」到底是些什麼樣的東西？它到底是具象的事物或是抽

像的事物？是語文的項目或是非語文的項目？是種獨特存在的個別東西或是種具有通性的集合體？這些聽來好像是呆頭笨腦的問題，其實完全不然！讓我們這樣設想：有一個人在黑板上寫了一個「赤」字。他所展示出來的是一些利用粉筆構作出來的筆劃。我們可不可以說，那一堆粉筆的痕跡就等於「赤」這個字呢？當然不可以；因為這個人也可以是用鋼筆在白紙上寫出那個字。假定在上面的例子裡，「赤」字就是粉筆的痕跡，那麼，依照同樣的道理，現在「赤」字又變成了墨水的痕跡。根據等同可換定律，於是我們便可推出該團粉筆的痕跡等同於此團墨水的痕跡這樣的荒謬結論。這顯然是不對的。不但如此，一個人所書寫的「赤」字和另外一個人所書寫的「赤」字，很可能外貌不同，形體大異（比如一個人寫隸書，另外一個人寫草字），可是它們依舊是同一個「赤」字。尤有進者，用筆寫出來的「赤」字，固然是「赤」字；用口唸出來的「赤」字，也是「赤」字；不但如此，閃現在螢光幕上的「赤」字，理所當然是「赤」字，活躍在我們腦海裡的「赤」字，也沒有理由不是「赤」字！那麼到底「赤」這個字是什麼樣的項目？它存在在那裡？

對於這個問題，我們當然可以發展出一套理論來加以解決。可是這並不是我們現在所要關心注目的主要問題。因此我們不準備細談下去。我們所要注意的是，理論之為物也遭遇到類似上述這些平時我們未加慎思細察的問題──而且程度上更加嚴重，牽連面更加廣大，處理起來更加棘手。

一般我們號稱為理論的，化簡概括來說，至少含有兩層重要的意義（實際上還可以細分出第三層、第四層和第五層意義，但它們是否重要，那就要看我們所關心的是什麼問題而定）。可是這兩種意義下的理論，究竟分別為何物，則往往缺乏精細的分析。有時候我們將理

論想成是一些慎思熟慮過的思想，或是一些成理有據的觀點；可是有時我們却將理論說成是一系統的語句，或是一系列的關係式。這樣的分別表面上看起來，好像只是簡單明白的非語文項目和語文項之間的區別：思想或觀點屬於我們內心裡頭的東西，它們不是語言文字上的項目；相反的，語句或關係式屬於語文裡頭的項目，它們不是我們的心靈事物。由於我們內心裡的心靈事物較難捉摸，不易把握，尤其無法將它們直接公諸世人，接受批評與討論，因此這幾十年來，科學哲學家通常選擇第二種說法，將理論看作是一種語句的系統或是關係式的集合。可是，在這樣的見解之下，人們眞的把理論看作是平常意義的語文項目嗎？

讓我們這樣發問：假如我們將理論想成是種語文的項目（語句或關係式等），那麼我們能不能追問,某某理論到底是中文理論或是英文理論或是其他語言的理論？比如，我們能不能說，阿基米德的工程理論是種希臘文理論？哥白尼的地動理論是種拉丁文理論？或者能不能說，歐幾里德的幾何理論原先是希臘文理論，可是經過希伯特的重構，就變成了德文理論？同樣的，牛頓的物體運動理論本來是拉丁文理論，然而一旦重寫到我們的教科書裡，就變成了中文理論？經過這樣一想，我們就可以看得出，把理論設想成為一個系統的語句或關係式，將它看作語文項目，這樣的作法雖然有其方便之處，但却不是完全不會有難題發生。事實上，在那樣的構想之下，所謂「語句」，並不是普通一般人所瞭解的意義，而是加以提煉再製，經過「理想化」了的項目。我們不考慮所謂語句到底屬於那種語言裡頭，但却自覺或不自覺地假定有一個「普遍語言」或「理想語言」存在；把科學家或其他理論家實際構作出來的理論，當做是理該可以寫在此種普遍的理想語言內之地域性的版本。當然，實際上並沒有這種理想化的語言存

在（至少尚未存在），而且實際上一般人在構作理論的時候，也沒有
這麼小心謹愼，去注意理論活動背後的哲學問題和方法論上的問題。
一般的情況是：使用拉丁文編織理論的人容易不自覺地將拉丁文當做
是「天經地義」的理想語言；使用中文構作理論的人同樣容易不假思
索地把中文看成是「理所當然」的理想語言。事實上，有許多人（包
括一些科學家）根本就疏於區分語文和非語文的項目，他們只計較他
們心目中理論所要表達的內容，很少關心理論到底爲何物，它究竟屬
於什麼性質的東西。

　　經過這番討論之後，我們現在要進一步對理論到底是什麼，加以
必要的澄淸與釐定。

　　我們要說，一個理論是由一系統的命題所構成。並且，我們把命
題構想爲何物，直接反映出在我們的心目中，理論到底是種什麼樣的
項目。

　　在邏輯和哲學上，我們常常劃分「命題」（或稱「命辭」）一詞的
幾種不同的意義。最常見的，是區分兩種不同意義的命題。可是爲了
我們在此處的闡釋和釐淸上的需要起見，我們要分別五種不同意義的
命題——分別稱之爲命題$_1$，命題$_2$，命題$_3$，命題$_4$和命題$_5$。

　　第一種意義下的命題（命題$_1$）是語句的使用個例。我們可以簡
稱之爲「語句用例」。它指的是一個人在特定的時空之下，所發佈出來
的語句之個別用例。在這個意義底下，同一個文法結構和物理相貌的
語句，在不同次數的用法之中，屬於不同的命題$_1$。這種意義的命題
顯然屬於某一個別的語言之中。

　　第二種意義下的命題（命題$_2$）是一般人心目中的語句。當然這
種意義的命題也屬於某一語言之中。但是同一個語句可以具有不同的
使用個例（語句用例）；因此同一個命題$_2$可以產生出不盡其數的命

題₁。換句話說，不同的命題₁可以全都是同一個命題₂。

第三種意義下的命題（命題₃）是上面我們所說的「理想化」語言裡的語句。這樣的理想化的語句往往不是實際上存在的。通常在討論裡頭，這只是一種方便簡化之計，用以避免令討論落入個別語言之中，牽連到與討論主題無關的語言之獨特性。不過，如果必須認真追究，那麼我們只好明文地將我們心目中的理想語言，簡要或分區地構作陳示出來。可是經過明文的展示之後，我們也就可以區分這個語言之中的語句類型和語句用例。也就是說，命題₃往往只是在討論問題時權充方便之計，若要認真追問起來，我們可以明文地構作或者例舉我們心目中的語言，而進一步區別上述意義的命題₂與命題₁。有時，我們在邏輯上所使用的「述句」，就不屬於任何的日常語言，如果我們還要說它是種語文項目的話，我們可以將它想成是命題₃。

第四種意義下的命題（命題₄）是人們使用語句時，所要表達的意念。我們也可以說，命題₄是我們通過命題₁所發表的意念內容。由於意念是我們內心裡的項目，因此命題₄也屬於我們內在的東西，屬於我們的一種心靈事物。

第五種意義下的命題（命題₅）是我們使用的語句所要代表的事態——比如事情、事件、事實和事理等等。事態不是我們內心裡頭的東西，而是獨立於我們心靈活動的項目；因此命題₅不是一種依憑我們的認知活動而存在的東西。

以上所區分的五種意義下的命題，彼此之間具有密切的關聯。簡單概括地說，為了要表達一個命題₄，我們選擇了我們語言當中的某一個命題₂，將之發表出來成為命題₁；可是，在討論問題的時候，人們往往沒有考慮我們所實際使用的語言，不直接探索我們內心裡的意念，而是採取一個與我們的命題₁相對應的假設理想命題₃，考慮

它所代表（或可望代表）的命題₅。翻譯成為普通的話來說，我們有意念要傳達，於是選擇一個語句將它寫出來或說出來；不過我們往往將發表出來的語句，加以理想化或普遍化，設想它是代表一種客觀而獨立於我們存在的東西。

上列的區別往往不太受人注意，因此引出一些不必要的混淆。所以我們要特地將它指點出來。事實上，這種區分不僅可以應用在語句是什麼，以及語句所表達或代表的東西為何物的問題之上；同時，也可以（而且也應該）應用到語詞為何物，它所表達或代表的項目是什麼這個問題之上。只是在前者的情況下，我們有「命題」這個方便的語詞用來含蓋一切，因此我們可以分出五種意義的命題；但是在後者的情況下，我們至今還沒有一個通用的詞語，讓我們明白指出該詞的五個相關但卻應該加以區別的意義。不過，我們仍然應該清楚劃分下列五種不同的項目：㈠語詞用例，㈡語詞類型，㈢理論化普遍化的假設性語詞，㈣語詞所表達的內心概念，以及㈤語詞所代表的外在項目。正好像對應的命題五義一樣，㈠至㈢是語文項目，㈣和㈤則不是；而在前三者之中，㈠與㈡是屬於某一個別語言裡頭的東西，但是㈢則超乎個別的語言；在後二者之中，㈣是一種內存的項目，㈤則是一種外在的東西。

理論既然是由命題所組成，而今命題業已細別五義；因此，所謂理論也具有相應的五種不同但卻相關的意義。在這些理論₁，理論₂，理論₃，理論₄和理論₅之中，和科學哲學（而不是科學社會學、科學心理學、科學史等）的研究討論最相干的是理論₃和理論₅。可是，我們要能確實把握它們兩者到底為何物，那就有賴我們將它們和理論₁，理論₂和理論₄，做出精確明白的劃分。尤其我們往往為求方便省事，直接以理論₁或理論₂來代替理論₃，將前者視做後者的「替身」。比如，

我們以中文寫作理論的人，並不認為我們的理論必須非以中文陳示不可；相反地，我們認為我們的理論應用什麼語言加以表現，全都沒有分別；我們甚至認為我們的理論照理可以寫在一種理想語言或普遍語言之中，只不過為了省事和方便，我們才拿中文權充代表，做為替身。

二、理論的構成：命題的內部結構 和命題與命題之間的關係

在討論理論的功能之前，我們必須簡單考察一下理論到底是怎樣構成的，它的內容結構如何。

我們說理論是由命題所組成的，它是一系統的命題；因此當我們談論其內容結構時，我們要分別從兩個層次的結構去設想：一方面我們要考察一個充當理論之命題的內部結構，另一方面我們要追問理論之中，命題與命題之間的結構關係。

首先讓我們討論前者。如果我們翻查一下科學裡頭構成理論的命題，一定會發現它們之間雖然種類紛雜，繁簡不一，深淺層次有別，含蓋範圍殊異，但是却也或隱或顯，或間接或直接地呈露出某些特色來。比如，讓我們觀察下列(1)這個科學命題：

　　(1)在任何的孤立系統之中，不論發生何種變化或進行何種過
　　　　程，該系統的總質量始終保持不變。（「質量守恆定律」）
它指出某一事物（孤立系統）的某種性質（其總質量不變）。同樣的，底下的(2)和(3)這兩個狹義相對論的基本原理中，我們也可以看出類似的形式：

　　(2)在任何的慣性參考系中，其自然律都相同。（「相對性原

理」)

(3)在任何的慣性參考系中，真空光速均相同。(「光速不變
　原理」)

(2)指出慣性參考系中，自然規律相同的性質；(3)則指出同一事物（慣
性參考系）的另一性質（真空光速不變）。類似地，下列的科學命題
也表現出相同的結構：

(4)行星的軌道是橢圓，太陽在其中一個焦點上。(「開普勒
　第一定律」)

(5)任何物體在不受外力作用下，全都保持原有的運動狀態。
　(「牛頓第一運動定律——慣性定律」)

(6)一個微粒子的某些物理量，不可能同時具有確定的數，其
　中一個量愈確定，另一個量就愈不確定。(「海森堡乏確
　原理」)。

(7)一切動物與植物都由細胞發育而成，並且是由細胞和細胞
　產物所構成。每一個細胞既是獨立的生命，又在整個機體
　內相互協調構成統一的生命整體。(「細胞學說」)

(8)物競天擇，適者生存是生物進化的主導力量。(「達爾文
　進化論」)

(9)光是由發光體發出的彈性微粒所組成。(「光的微粒說」)

(10)萬物全是由大量不可分割的種種微小物質粒子所組成。此
　　等原子只有大小、形狀和位置的差異，而沒有其他質方面
　　的不同。(古代「原子論」)

上面這些命題之中，儘管有的比較簡單，有的比較複雜，但是分析起來
都可以表達成為「某某東西具有某某性質」這類的形式。為了清楚明
確起見，讓我們將這類的科學命題看作是具有底下這樣的邏輯形式：

(11) $\psi(\alpha)$

我們可以將它唸成「α 是 ψ」，「$\alpha \in \psi$」或「α 具有 ψ 這種性質」。

（至於怎麼唸法含藏着什麼哲學觀點，因此會帶引出什麼哲學問題，則不是我們在本文裡所要注意的事）。

　　然而，熟悉科學理論的人一定注意到，科學裡頭的命題，還有另外一種很重要的形式。科學家利用命題來表達概念與概念之間的關係，或者陳述事物與事物之間的關係。（表現前一種關係的命題是命題$_4$，表現後一種關係的命題是命題$_5$）。讓我們列舉一些一般人熟悉的具有此種特點之科學命題：

(12) $F = ma$

(13) $E = mc^2$（質能關係律）

(14) $\dfrac{p_1 v_1}{t_1} = \dfrac{p_2 v_2}{t_2}$（普遍氣體定律）

(15) $x = x' + vt$, $y = y'$, $z = z'$, $t = t'$（伽利略變換律）

(16) $x = \dfrac{x' + vt'}{\sqrt{1 - \dfrac{v^2}{c^2}}}$, $y = y'$, $z = z'$, $t = \dfrac{t' + \dfrac{v}{c^2} x'}{\sqrt{1 - \dfrac{v^2}{c^2}}}$

（羅倫兹變換律）

(17) 兩物體間的吸引力和它們質量的乘積成正比，而與二者距離的平方成反比。（「牛頓萬有引力定律」）

(18) 在相等的時間內，行星和太陽的聯線所掃過的面積相等。
（「開普勒第二定律——面積定律」）

(19) 一個物體受到另外一個物體的作用力時，前者也給與後者一個反作用力；作用力與反作用力大小相等，方向相反；兩者同在一直線上。（「牛頓第三運動定律」）

⒇一個物體的質量隨着它運動速度的增加而增加，其關係爲：

$$m = \frac{m_0}{\sqrt{1 - \dfrac{v^2}{c^2}}}$$

㉑一個物體的長度隨着它運動速度的增加而縮小，其關係爲：

$$L = L_0 \sqrt{1 - \left(\frac{v^2}{c^2}\right)}$$

這類的命題表現出某些項目之間的關係，比如，⑿指出「力」、「質量」和「加速度」之間的關係，⒀指出「能量」、「質量」與「光速」之間的關係……，㉑指出「物體運動時的長度」、「物體靜止時的長度」、「物體的運動速度」以及「光速」之間的關係。也爲了清楚明確起見，讓我們將這類的科學命題看作是具有底下這樣的邏輯形式：

㉒ $\phi \ (\alpha_1, \alpha_2, \cdots\cdots, \alpha_n)$

我們可以將它唸成「$<\alpha_1, \alpha_2, \cdots\cdots, \alpha_n> \in \phi$」，或者唸成「$\alpha_1, \alpha_2$，……，$\alpha_n$ 之間具有 ϕ 這種關係」。（同樣地，我們也不在此處考慮這兩種不同的唸法所含藏的哲學觀點，以及其所引發的哲學問題）。

讓我們比較上面的⑾和剛剛提出的㉒，我們很容易會發覺，由於 α 等於 $<\alpha>$，因此我們可以將⑾化做㉒的一個特殊型態，而不必將它想成自己獨特的邏輯形式。這樣一來，我們就要以㉒做爲一般科學命題的共同邏輯形式。

根據以上的構想，我們可以說，從事科學工作的人在構作一個理論的時候，不可或缺地會牽涉到兩項重要的工作。這兩項工作不一定可以分開進行，也沒有一種固定的先後次序。有時爲了進行第一項工作，我們必須在第二項工作上稍有成就；可是爲了完成第二項工作，我們可能又修正第一項工作的成果。這兩項工作可以簡單說明如下：

第一，我們必須設想到底那些項目之間，彼此具有我們想要發現

的關聯。讓我們以將這些項目爲元素所形成的集合，稱爲「關係域」。所以，上述的第一項工作，就是關係域的標定。比如在上面所列舉的⑫之中，$\{F, m, a\}$ 是其關係域， $\{F, m, a, c\}$ 則不是；一般地說，像在㉒中，$\{\alpha_1, \alpha_2, \cdots\cdots, \alpha_n\}$ 是其關係域。

第二，我們也得考察我們認爲相關的項目之間，到底具有什麼樣的關係。換句話說，我們必須決定關係域的元素之間，具有什麼樣的關係。讓我們將這種關係稱爲關係域所具有的「徵定關係」。比如，我們可以說，在⑫裡我們所確定的徵定關係是某一種關係 f ，這個 f 可以應用所謂「脈絡界說」標定如下：

$$㉓ \quad f(x, y, z) =_{Df} (x = yz)$$

應用到 $\{F, m, a\}$ 這個關係域，令 x 爲 F， y 爲 m，z 爲 a，我們就獲得⑫那個命題。同樣地，在⑳之中，關係域是 $\{m, m_0, v, c\}$ ；而我們考察所得的該一關係域的徵定關係 g ，可以界定如下：

$$㉔ \quad g(x, y, z, x_1) =_{Df} \quad x = \frac{y}{\sqrt{1 - \dfrac{z^2}{x_1^2}}}$$

令 x 爲 m，y 爲 m_0，z 爲 v，並且令 x_1 爲 c ，我們就得到⑳。一般地說，像在㉒裡所陳示的，我們從事科學活動的主要目的，是要考察像 $\{\alpha_1, \alpha_2, \cdots\cdots, \alpha_n\}$ 這一關係域的徵定關係 ϕ 到底是什麼。

所以，我們可以說，一個科學的命題的內部結構具有㉒那樣的邏輯形式；它標定着一個關係域，並且指出該一關係域的徵定關係。

值得注意的是，我們至今只是在形式條件上立言，因此沒有牽涉到知識論的種種問題。比如，我們並沒有判定一個科學的命題是否用來陳述一種因果律；我們也沒有說明這樣的科學命題是根據什麼建立起來。這類的問題我們暫時不加以考慮。

我們說理論的構成可以從兩個層次來看：組成理論的命題的內部結構，以及這些命題與命題之間的關係。我們在上面業已分析了命題內部的結構，現在讓我們接着討論在一個理論之中，命題與命題之間的關係。

當我們說理論是一系統的命題時，我們有意強調理論內部的系統性。我們必須特別指出理論並不只是一集雜漫堆砌的命題，而是一集有次序有組織有層次的命題。所謂系統性就是由這樣的次序、組織和層次所建立起來的。這裡所說的次序是邏輯上的次序，所說的組織是邏輯上的組織，所說的層次也是邏輯上的層次。

現在讓我們簡單地說明一下理論當做一個有系統的命題集合，所具有的邏輯結構。

在一個理論裡頭，有比較基本，原則性較高的命題；有比較不基本，原則性較低的命題。從較基本，原則性較高的命題（加上其他的命題）我們可以邏輯地推論出較不基本，原則性較低的命題。這樣依據邏輯的推論關係所呈現出來的次序與層次，使理論中的命題產生一種統攝關係的邏輯組織。當然，這種命題之間的邏輯統攝關係不一定是（而且事實上通常不是）單元起始，直線發展的；這種命題的邏輯組織往往是多元並起，交疊推衍的。

舉個例子來說，在狹義的相對論裡，相對性原理（上述的(2)）和光速不變原理（上述的(3)）這樣的命題，是比較基本，比較原則性的命題。肯定了這些命題，加上我們對於時間與空間各量的界定，以及我們對於慣性參考系的界定與瞭解，我們就可以運用邏輯推論推出，當時間與空間各量（比如物體在運動狀態時所呈現出來者）從一個慣性參考系變換到另一個慣性參考系時，羅倫茲變換律（上述的(16)）為真，而不是伽利略的變換律為真。不但如此，由這些結論，我們還可

以邏輯地推出其他的結論。比如前述的⑳和㉑，以及底下的㉕和㉖這樣的命題：

　　㉕在量度時間的進程時，我們觀測到運動的時鐘要比靜止的時鐘行進得慢，其關係為：

$$T = \frac{T_0}{\sqrt{1 - \left(\frac{v^2}{c^2}\right)}}$$

　　㉖兩個事件是否同時發生，在不同的參考系觀測，所得的結果不同。

由這些命題，特別是由⑳和㉑，以及我們對於物體和質量的瞭解，我們還可以進一步推論出更多的命題。比如，我們可以推出下列有趣的㉗：

　　㉗任何物體的運動速度不能超過光速。

當然我們可以一直往前推論，不斷追索，在狹義相對論中推衍出更多的命題出來。不過，現在讓我們暫時在這裡打住，說明一下我們在此所謂的邏輯統攝關係到底是什麼。

　　我們要說，如果由某一命題集合中的有限元素（加上在科學理論的構作中，我們所允許的輔助命題），我們可以邏輯地推論出另外一集命題出來，那麼前面那集命題邏輯地統攝着後面那集命題。顯然，邏輯的統攝關係是一種具有反射性的關係，也是一種具有傳遞性的關係；這就是說，每一集的命題都邏輯地統攝着它自己這一集命題；並且對於任何三集命題而言，如果其中的第一集邏輯地統攝第二集，同時第二集邏輯地統攝第三集；那麼第一集也就邏輯地統攝第三集。可是，儘管邏輯的統攝關係具備着上述的條件，不過，如果我們想要依據這種統攝關係，來區分一個系統的命題之理論輩份時，我們就得注

意這樣的區分並不是一種整齊劃一的割分，而是一種參差不齊的區別。比較明確地說，當我們以上述的統攝輩份為標準，將一個系統內的命題加以歸類時，這樣的歸類雖然可能共同窮盡，但却不是互相排斥。也就是說，也許系統中的每一個命題都有一個輩份，但是有些命題却不只擁有一個輩份。這是我們談論理論的系統性，研究理論內部的命題與命題間的邏輯關係時，不能隨便加以忽視的。在一個理論裡，命題之間的組織往往不是一種簡單平整的單層疊放關係，而是一種複雜跨越的交互勾結關係。

讓我們看一看這種邏輯統攝關係的一個簡單例子。上面我們說過，⒄那個有關物體運動速度之極限的命題，可以從狹義相對論中先前推出的命題——特別是⒇，⒇或⒅——加上一些輔助的命題，加以推論出來。現在我們扼要地將這個推論過程陳示出來。

證明：假定⒄不是真的。也就是說，並非任何物體的運動速度都不能超過光速，那麼這表示至少有一種物體，其運動速度可以超過光速。現在讓我們發問：這樣的物體在做超光速運動時，它的長度如何？根據上述的⒇，我們計算的結果，推衍出一個負值來！這是不可能的事，因為所有的物體之長度均為正值。所以我們可以推斷我們的假定不能成立。也就是說，⒄不能不是真的。換句話說，我們證明⒄成立。

值得注意的是，在這樣的邏輯推論之中，我們不是單單根據先前推出的命題⒇，推論出⒄來。在推論的過程中，我們應用到某些輔助的命題，最明顯的是下列的⒅：

　　　⒅任何物體的長度均為非零的正值。

這樣的輔助命題在一個理論裡的地位到底如何，常常不能一概而論。它可能是明顯的約定或界說，也可能是由理論中的其他命題推衍出來的結果。不過，這樣的輔助命題在建立理論的系統性上的功能和作用，

則是件顯而易見的事。在一個理論當中，命題與命題之間的邏輯推衍，通常不可或缺地都有輔助性的命題，牽連中介其間，共同參與推衍的任務。

我們說過，這種命題間的邏輯推論通常既非單元起始的，同時也非直線進行的。我們也要注意，這種推衍關係也常常不是專職獨特的。這就是說，要推論出某一集的命題，我們不一定只有一個可以充當推論起點的命題集。也可以說，邏輯上統攝着某一集命題的命題集，並非獨一無二的。例如，在上面的例釋裡，我們是由(21)加上(28)，推論出(27)來。可是，這並不是唯一可以用來推衍出(27)的途徑。我們也可以由(20)加上下列的輔助命題(29)，推論出(27)來：

　　　　(29)任何物體的質量都是個有限的正值。

同樣的，我們也可以根據另一個命題(25)，加上其他輔助命題——其中包括下列的(30)，推論出(27)來：

　　　　(30)任何事件之進行與完成所需的時間不可能是負值。

比方，如果我們採取最後這個途徑，可以得出像下列這個命題所示的荒謬結論：

　　　　(31)一隻超光速飛行的太空船今天發射，昨日歸來！

可是事件的歷程所需的時間不可以是負值(30)，利用「歸謬法」，我們證明(27)成立：光速是一切物體的運動速度之極限。

熟悉邏輯的人都知道，一個理論的基本命題也許是有限的，甚至是極其有限的少數；可是通常整個理論所含有的命題數目却是無窮的，因為我們可以層層推衍，無止無境地發展下去。比如，現在我們正在談論的狹義相對論，就可以一直無終無止地不斷推衍出新的結論來。例如，我們可以加上適當的輔助命題，進一步推衍出質能關係律(13)。我們也可以推論出下列比較具體但却仍然含有高度虛擬性的結論：

㉜如果一個物體的運動速度等於光速時，則該物體的長度等
　　於零。

㉝如果一個物體的運動速度等於光速時，則該物體的質量等
　　於無限大。

㉞只有無質量的物體可以做光速運動。

我們也可以推論出一些比較接近實際生活，可以用來解決實際問題的
結論。例如：

㉟一個運動速度爲v_1的物體，受到向同方向運動，速度爲v_2
　　的外物之作用，則其綜合速度 v 爲：

$$v = \frac{v_1 + v_2}{1 + \dfrac{v_1 v_2}{c^2}}$$

當然，根據（35）我們可以推論出像下列這樣的具體而又活生生的結
論：

㊱在沒有其他外力作用下（這個條件往往列爲輔助的命題），

　　一隻時速20浬的小船，在水流時速爲10哩的江上，順流而

　　下，該船的綜合速度爲每小時29.9999999999999866浬。

也許有些人對（36）的內容感到驚訝，他們在心中暗自忖想：該
船的綜合速度不是應該等於每小時30浬才對嗎？這些人顯然大多根據
直覺，而不是根據某一種物理學裡頭的理論。不過，我們要知道，假
如我們從牛頓的古典力學的基本命題出發，向前推論（當然也需藉助
於一些輔助命題），我們可以推衍出下列的結論：

㊲一個運動速度爲v_1的物體，受到向同方向運動，速度爲v_2
　　的外物之作用，則其綜合速度 v 爲：

$$v = v_1 + v_2$$

由此，我們可以推論出上述那條船的綜合速度是每小時30浬。

這個例子告訴我們，從不同的理論我們可能得到不同的結論，建立不同的認知。

在上面的討論裡，我們並沒有說明什麼算是同一個理論，什麼算是不同的理論。在科學裡頭，我們往往採取一種應用起來方便的辦法。可是使用上的方便往往隨着不同的情況而有變化，因此有時候我們以實際的歷史發展上的事實，來劃分理論的異同。比如，某一理論是由何人所提出，或經過何人所奠立等等。比如，伽利略的自由落體定律，開普勒的行星運動定律，愛因斯坦的狹義相對論等，就是以這類的標準來劃分的。可是有時候，我們却着重於理論的考察對象和它的基本主張，不注重實際發展的歷史事實。比如，普遍氣體定律，古典物理學，量子力學等等的指認就是依此觀點來進行的。

所以，當我們討論理論的構成之時，不要忽略有時我們將不同的理論結合起來，建造一種更龐大的理論時，所遭遇到的情況。比如，我們常聽人家說，牛頓的萬有引力定律統合了伽利略的自由落體定律和開普勒的行星運動定律。可是這樣的統合的確切內容是什麼呢？

從邏輯的觀點看，我們可以將這類的情況，稍加一些改變，當作是上面所討論的理論結構之特例。其中牽涉到的邏輯推論過程，也可以在增加某些輔助命題（大部份是一些標定特殊情況的命題）的處置下，順利完成。因此，我們可以將伽利略的理論，收納為牛頓理論在特定條件下的結論之一；甚至將古典力學收容為相對論力學，在特殊情況下的結果。

可是，如果我們注意這類的理論整合所產生的知識論上的後果，以及形上學裡的問題，情況就大為不同。我們將會在下面的討論之中，接觸到這類的問題。

三、理論的作用：認知上與實用上的功能

談論任何東西的作用都不是一件很簡單的事，要說明理論的功能更不是一件容易的事，因為像作用、用途、功能、用處這類的事情通常不能孤立而沒有條件地加以標定，它們通常與我們的意願、目的、價值、知識、動機和我們所處的種種條件，密切地關聯在一起；何況理論之為物本身，已經含有一些令人感到棘手的難題。

在這個討論裡，我們要探取一個特定的角度來觀察理論的作用；我們要認定人類是在不斷演化的過程當中，並且進而追問知識上的理論——特別是科學上的理論——在人類的演化過程中，扮演一個什麼樣的正面角色和積極的功能。

有兩件事在人類演進的歷史上值得大書特寫的：一是人類自覺性的提高，二是人類理想性的發揚。人類逐漸遠離原始的狀況，慢慢與其他的動物有別，主要在於我們有一份反省察照的能力；追問自己是什麼，自己在宇宙的地位如何，瞭解自己和瞭解世界；反省自己的行為，不盲目妄動；產生理想，建立價值；逃避苦難與災害，尋找快樂與幸福；探索使自己變得更崇高的可能性，追求把世界改造成為更美好的地方。在這樣的尋求努力的過程中，知識不但起了興風弄潮的作用，而且變成我們改造人類自己和改造外在世界的工具。所謂理論就是我們為了要瞭解自己和瞭解自然，經營創造出來的知識成果，它是人類演化的工具，也是人類產生自覺探求理想的具體表現。

所以，在我們設想人類知識的典範之一——科學知識的理論之作用時，我們要由兩個雖然互有關聯，但却可以分別討論的層次，來進行考察。這兩個層次是認知的層次和實用的層次。

從認知的角度看來，科學理論的作用在於將我們這個世界的種種現象和各類事件，有組織有系統的牽涉關聯起來。這是科學理論在滿足我們認知的要求上，所提供的最基礎的功能；因爲通過理論上的牽涉關聯，我們建立了一種對於世界的瞭解 —— 有人甚至要說是「深層」的瞭解，理由是這種瞭解往往建立在不是表面上看得到的牽涉與關聯之上。

舉例來說，日蝕和月蝕、潮汐的消長、月之盈虧、太陽在不同的季節由不同的方位升起，行星的踪跡看來乖異、它們的亮度產生周期性的變化、向空拋物以 45° 的發射角拋出最遠、物體下墜不斷加速、利用眞空唧筒由井裡抽水只能吸上一定的高度等等這些不勝枚舉的自然現象，自古以來屢受觀察，爲衆人所熟悉；甚至變成司空見慣，不再覺得是些新鮮與好奇的事。可是當人們開始追問這些事件爲什麼如此發生，或者爲什麼會有這些現象存在的時候，往往就沒有一個顯然確切的答案和經得起不斷推敲考驗的理由。在科學知識的發展史上，人類窮盡心力，創造經營了各種不同的理論，其中有的和宗教信仰結緣，有的和神話傳說沒有兩樣，有的只是憑空的猜想和想當然耳的臆斷，有的則是政治願望、社會理想和人生價值的延長。可是自古以來，也有一些看事實，重經驗，善於構思創造，不斷企求將觀察試驗所得，巧妙地牽連關涉，安排整理在理論裡的科學傳統。這類的努力不只是一種感官上鍥而不捨的觀察入微，而且更重要的是概念上勇往直前的創造發明。我們說過，人類在建立理論命題的時候必須標定一個關係域，並且進一步確立該一關係域裏的徵定關係。這樣的工作一般雖然通過我們的感覺經驗爲基礎，但却必須在概念上大膽發明才能圓滿成事。這樣的概念發明的成果，帶引我們建立對於世界的認識，成就我們對於外在事物的瞭解。

　　就以人類對太陽系的探討爲例來說。自古人們的好奇、臆測和玄想可以歸結到兩個重大而互相有關的問題之上；太陽系的中心在那裏——地球或太陽？行星運行的軌道怎樣——單純的同心圓，各種複雜的輔助圓，或是聽來有點奇怪的橢圓？從古代一直到中古，對於這些問題的爭訟不休，主要不在於觀察獲得的現象，或是感官經驗的事實；而是在於不同的理論所帶出的宇宙觀念、世界構想，以及對於人類地位的瞭解。遠在希臘時代就有太陽是中心的地動理論（亞里斯塔克斯所創），可是在種種原因的影響下，它却沒有爲大衆所接受；傳世的反而是托勒密所倡揚的地球爲中心的天動說。這一說法之廣被接受，除了宗敎方面的勢力之外，最重要的不是因爲它更符合經驗觀察的結果，而是它比較接近衆人一般的直覺和想法。因此直到十五世紀，還有一次托勒密理論的全盛時代。可見理論在造就我們對世界的認識和塑造我們對事物的理解上，扮演着多麼重大的角色。那時托勒密有個頗爲完整的理論。

　　十六世紀哥白尼的理論發表，與一千八百年前的亞里斯塔克斯的構想，遙遠地前後輝映。可是他仍然以希臘人所喜愛甚至崇拜的圓形，做爲天體運行的正軌。可見人類的觀念在理論構作中所佔有的地位。後來開普勒的最大貢獻，就是將行星的軌道想成橢圓，把太陽放置在這種橢圓形的一個焦點上。

　　本來開普勒是當時最優秀的天文學家布拉赫的助手。布拉赫對行星的運行做出極爲精確的觀測，收集了大量細密記錄起來的資料。不過，布氏是個地球中心說的信徒，他想推翻哥白尼的理論，重振舊說。以致觀察數據雖精，理論成就却微。由此，我們也可以看出感官經驗的資料，並沒有和我們的概念和想法必然地關聯在一起。將什麼樣的資料做什麼樣的理論關聯，這是人類創造發明的結果，也是人類

所創的理論和人類擁有的理解息息交關的根源。

開普勒在布氏所收集整理的資料上，辛苦經營，終於提出了劃時代的理論貢獻。他把哥白尼的地動說大大加以簡化了。根據他的理論，我們可以設想太陽理該是整個太陽系的動力根源。可是開普勒對於行星為什麼能夠維持在軌道上運行這個老問題，却仍然還沒有答案。這個問題直到十七世紀，牛頓的理論——尤其是他的萬有引力定律——出現之後，才算獲得圓滿的解決。於是人類對於世界的瞭解更進一步，加深一層了。

我們可以拿牛頓的萬有引力定律和運動定律，做為人類通過理論，獲取對世界的瞭解，以及加深此種理解的一個範例。他的理論統攝了伽利略的理論，統攝了開普勒的理論，統攝了有關潮汐消長的理論……，成了一切物體的運動理論。它說明了許多以往的分域理論所不能說明的現象，它將舊有的個別理論所無法關聯起來的許多事態，圓滿地牽涉織羅起來。於是，人們通過這個理論所標定的關係域，通過這個理論所樹立的該一關係域的徵定關係，對於外界現象產生新的概念，對於世界產生更進一層的瞭解。

現代物理學的興起和發展，在我們的認知上也產生類似的效應，發揮同等的作用。像我們在上一節裡所例釋的狹義相對論，不但為我們提供了說明現象的根據，同時也令我們對於時間與空間的性質，對於運動與質量，運動與長度等等的關係，產生了新的概念，增加了新的認知；我們對於世界的瞭解又不同了。

當我們在上一節裡談論理論的統攝或理論的整合時，我們只從邏輯結構的觀點立言，而沒有考慮它所帶出的一些知識論上的問題和形上學（尤其是存有論）上的問題。現在我們討論理論的認知功能，說明理論在塑造我們的觀念和理解上的作用時，就不能繼續將上述的問題懸

置不理。很簡單地說，這類的問題是一些有關眞理的問題和一些有關存在的問題。（前者是知識論上的問題，後者則是形上學裡的問題）。

我們可以這樣發問：一個科學理論在標定那些現象具有關聯和具有什麼關聯時，往往引進許多我們以往並不熟悉的概念，這些概念之中，有的甚至代表一些我們從來沒有直接經驗過，甚至不可能直接經驗到的項目。這些事物到底是眞實存在於外在世界之中呢？或者只不過是人類想像的結果而已？如果它們是眞實的，但卻又無法直接經驗到，那麼我們怎樣決定它們的存在是可信的？假定它們並不是眞實的存在，只是我們借用來組織經驗，關聯現象的方便之計，那麼我們又有什麼標準可以用來決定那一個理論是比較值得採取的方便設計？

當我們比較兩個理論時，這類問題的急迫性和嚴重性也就更爲明顯。兩個相爭的理論要怎麼比較？我們要選擇那一個理論來建立我們的概念，奠立我們的理解？我們只觀看那一個理論最能組織經驗，關聯現象，而不必理會它引進什麼樣的概念和構想？或者我們也要追問眞理與否的問題，存有與否的問題？

我們可以說伽利略變換律是羅倫茲變換律的一個特例，在日常所見的情境中，物體運動速度比光速小得多，因此我們可以使用伽氏變換式來代替羅氏變換式。可是這只是爲了計算的方便呢？還是有其他眞理或存有意含？船在水中的綜合速度到底是 $(v_1 + v_2)$ 或 $\left(\dfrac{v_1 + v_2}{1 + \dfrac{v_1 v_2}{c^2}} \right)$，

這不是同時也帶出概念上的不同以及事物關係上的差異嗎？這是工具觀與實在論的爭議所在。這個問題也影響我們對於理論之證立問題的見解與主張。

除了上述這種認知上的功能而外，我們也不可忽視理論在實用上

的意義。

科學理論在導發科技上所扮演的角色，人人皆知，因此我們不必在此多談。值得注意的是理論在引導研究，幫助發掘新理論上的積極作用。

在人類知識的成就裏，完全的創新往往是極端少見的事。一般的情況是我們根據已經存在的概念、學說、理論和種種運作程序和工作標準，向前繼續探索，企圖解決更多的問題，消除更多的疑難，建立更明確的認知，或者完成更美滿的宇宙觀等等。在這樣的不斷尋求改進，無止境地追求更進一步的知識美滿之過程中，我們見到人類知識的理論那積極開創的一面。在這方面有幾個層次值得我們提出來加以分析觀察：

第一，雖然我們常常將求知的活動看作是尋求眞理的活動，可是這樣的見解是否妥當首先決定於我們是否有一套成熟可用的眞理論。至少我們必須知道一個命題或一系統的命題，需要滿足那些條件，才算是眞理，而且就算是眞理。這是方法論上的大題目，也是知識論上爭訟不休的大問題。我們可以暫時不介入這類的困難，暫時將人類創造和構作理論的事跡看作是他們爲了解決問題所成就的經歷過程，不管這些問題是實用的問題或玄想出來的問題，是有關技術的問題或是有關「理論」的問題。同樣地，這裏所謂的問題可以隨着不同的文化、不同的時代和不同的社群，而具有不同的徵別標準和分類辦法。不但如此，怎樣才算是解決了一個問題，也不一定要有世世代代完全一致的共同判準。有時甚至連問題的「解消」和問題的「解決」之間，也不必然有一個明確的區分。這就是說，我們要在這裡先將理論建構的活動看作是解題去難的活動，並且在種種徵別判斷上容許有在歷史上演化開展的標準。

　　有些人也許會認為這樣的構想太過偏重知識社會學或知識歷史學的觀點，忽視了它們與知識論或知識哲學之間的重大區別。不過我們不要忘記不但理論是在歷史進程之中成就；何謂理論，它的標準也必須通過歷史加以精密化和（不斷地重新）制式化。對於眞理也是如此。眞理是在歷史過程中獲取的，眞理的判準（眞理論的主張）也是在歷史中成長、定型和改良。如果我們要避免獨斷的絕對論，一方面固然不應放鬆哲學的智慧，另一方面却也不可忽視了歷史的聰明。

　　根據「解題模式」或「去難模式」的觀點，不一定具有今日理論特色的，在以往的年代裡才堪稱為理論；同樣的，今日不折不扣的理論，將來可能欠缺某些重要的理論特徵。我們在處理這類問題的時候，最好採取一種演化的眼光，並且容許處在不同發展階段的理論和理論模式繼續合法地相容並存。這就是說，我們並不先驗地要求凡是理論必須具有一特定的形式結構或使用條件。只要是能够滿足人類解題去難要求的知性結構或知識建樹，全都可以以理論之名稱之。愈能滿足此等要求的，愈是好理論；愈能多方面有此功能者，愈是多方面的好理論。從這個角度觀之，不但不同時代之理論樣式間各自參差不齊的現象可以善加瞭解，就是同一時代不同學科之間的理論要求條件如此南轅北轍也不再是種悖理謬異的事。考慮理論的作用時，我們最好能够顧慮這種解題去難的功能，而不只斤斤計較於發掘眞理的作用。

　　第二，一種學說或構想是否具備理論的作用，顯然與人們對理論的期望有關。而這一點又再牽連歷史進展和知識演化。當人類對某一類事件或事態發生興趣而企圖尋求說明或理解之際，這時顯然有理論（不管是怎樣的理論）比沒有理論好。這種需求在不同的文化中有時具有不同的滿足方式；在不同的時代裏常常也有不同的表現形態；不但如此，在同一時空同一文化之內，不同的學科或領域之間，經常對

於理論的功能懷着殊異的寄望。因此，我們看到歷史上曾經將傳說、神話和沒有事實根據的幻想，拿來充當理論之用。我們也看到時至今日在所謂自然科學、社會科學和人文學科之間，仍然普遍存在着對於理論作用的不同構想。比方，儘管長遠以來就有普遍的科學語言的提議（萊布尼茲），以及科學整合的構想（卡納普等人），但是現在絕大部份的社會科學家仍然認為他們所耕耘的理論和自然科學家所經營的具有很不相同的型態、結構和功能。許多社會科學的理論被認為是用來提供對於社會建構或文化現象的「瞭解」，而不是對未來的社會進向或文化變遷進行「預測」。由於這種功能上的差異，兩者的邏輯結構和構成型態也就往往極為不同。

在這裏我們面對着一連串的重大問題，其中最值得我們在此加以關懷的包括：不同的學科之間為什麼存在着不同的理論型態？那是因為彼此之間具有大為不同的基本關懷？或是彼此面對的研究對象的性質懸殊差異？這種理論型態的分別只是因為它們處於不同的發展階段，因此總有一天殊流歸源，同趨一宗？或是因為它們各自扮演不同的認知角色，永遠不能化約還元，互相取代？像這類的問題各自含藏着更多更加基本的問題，也各自假定着更加普遍的問題，所以討論起來必定無法短暫了結。考慮到我們今日的判斷必須為明日的發展預留餘地，作者主張在方法論上採取一種容忍態度和多元主義，不將理論的型態與功能限定在統一的範疇之內，而由各學科之中從事創作的人員考慮其需要，探討決定。不但如此，即使在同一種學科之中，我們也應該容許（雖然不一定需要積極提倡）不同種類的嘗試和不同方向的經營。比如，我們也不要故意阻撓別人將自然科學中的有效方法試圖應用到人文學科的範圍。

當然這並不表示，因此我們對於任何方法論上的歧異都無法加以

批評或討論。正相反地，方法論上的多元主義更需要方法論上的充分自覺。容忍的精神和批判的態度並非互不相容，在方法的探討和取捨之間，情況更是如此。

第三，基於上面所說的理由，我們在方法論的討論中，不宜一開始就對理論爲何物做出一個過分嚴格的要求（雖然適當的低度要求往往不可避免）。這就是爲什麽在本文第一、二節的說明和例釋中，我們僅僅指出理論在結構上的基本要件，希望不排除在某些人的眼光中，不甚標準或不太典型的理論。

在這方面值得我們一提的是，卽使我們前面那樣的說法都有可能被人認爲過分嚴格。我們基本上將理論看作是一種命題集合（包括關係式的集合）。可是理論不一定需要完全利用文字加以表現。事實上有許多的理論主要出於圖形、圖示或圖表，有時輔以文字的說明。社會科學和人文學科的理論常見以此方式表現出來。所以一般所謂的「模型」，有時是一系統的命題，或者是一系統的關係式，或者是兩者之結合；有時却是一系列的圖形或圖表（有時加上文字的說明）。

不過作者認爲圖象性的模型，若要能夠表示準確的理論內涵，終久需能翻譯表達成爲一個或一組命題（雖然一組命題往往可以具象化而表達成爲好多不同的圖象模型）。因此，以命題集合作爲理論的代表或範型並不會誤導思考，扭曲事實。

事實上在許多學科之中，普遍存在着命題式的模型和圖象性的模型互相轉換，同存並用的現象。從物理學到經濟學，從醫學到管理學，情況全都如此。

現在讓我們回到本節的主題：理論在引導研究，特別是在幫助發掘新理論上的積極功能。

前面說過，在人類知識的成就裏，不管是概念的創作或理論的構

造，完完全全的創新發明是一件極為困難而又少見的事。在人類知識的開展史上，最常見的現象是人類根據已有的成就開發更多的成就，我們「站在巨人的肩膀上」（牛頓語）攀折更高枝上的果實。在這個關鍵上，既成的理論扮演着一種不可忽視的重大角色。

籠統地說，一個理論為我們提供某一學科中的某一關係域（見前文）的背景知識，使我們可以在某一關係域中，參照根據觀察或實驗得來的事實報導，向前做出更進一步的發掘，或更深一層的探索。比較準確地說，以一系統的命題（理論）為前提，加上其他的命題（比如由實驗觀察得來者），我們可以運用推理而獲致另外一個系統的命題。利用這樣的方法我們往往可以精化一個理論，有時甚至創造出新的理論。這時，我們甚至可以不再拘泥於原有的關係域，而開創新的關係域，促進理論的進化和整合。比如，原來也許我們分別成立了下列38和39兩個理論（為了簡單起見，只以單一的關係式代表一個理論）：

$$(38)\ \phi\ (\alpha_1, \alpha_2, \cdots\cdots, \alpha_n)$$

$$(39)\ \Psi\ (\beta_1, \beta_2, \cdots\cdots, \beta_m)$$

可是經過精化、普遍化和整合通融，我們成就了下列40這樣的理論：

$$(40)\ \triangle\ (\gamma_1, \gamma_2, \cdots\cdots, \gamma_l)$$

除了在極罕見的情況之下，一般來說，上述的$\triangle$不會等於ϕ，也不會等於Ψ。於是我們對於相關的關係域的知識又長進了。我們發展出更加廣含或更加精確的理論了。（當然上列40中任何一個γ_i有可能是38和39中的某一個α_j或β_k；也有可能完全不是）。

在這樣的開發的推理過程中，並不是命題式的模型（理論）才能給人用來做為推理的前提。圖象式的模型（理論）照樣可以用來做為推理的起點。我們在經濟學等學科的圖象式模型中，可以找到無窮的

推理的例釋。所以，在討論成就理論的推理之中，我們不要只考慮所謂概念性的思考（有人稱爲邏輯思維），我們也得兼顧圖象性的思考（有人稱爲形象思維）。兩者不但各有不同的功能，而且進一步可以並行合用，正好像一個模型（理論）可以同時是命題式又是圖象式的一樣。也因此，有人認爲概念性的思考是科學的思考，而圖象性的思考是文學的思考，作者認爲是錯誤的。

　　在結束本節之前，有件事急待補充。在「解題去難」的活動中，人類往往有一種要求傾向：將尙未量化的問題做成可以量化的問題，將沒有「算程」（因此還不能機械化）的問題做成具有算程（因此可望加以機械化）的問題。有人也許甚而要將這種傾向等同爲進步或成熟的象徵。尤其在目前講究電腦發展，標榜自動化經營的時代，人們更容易不加思察落入這種心理趨勢之中。這是値得我們特別加以注意的。不說別的，數學應用的成就有目共睹，可是這並不表示數學可以隨便不分靑皀紅地加以運用。一隻老鼠加上一隻老鼠不一定等於兩隻老鼠，一隻老鼠加上一隻貓其答案就更加奇妙！提倡數學（包括統計）的應用，以及倡導自動化的經營，全都應該注意其應用條件和適用範圍。我們知道(已經證明)有些問題是沒有自動化的解決辦法的，另外有些問題也許無法加以量化。這時我們必須廻顧解題去難的目的和構作理論的寄望，才能決定怎樣尋求解決問題的方法，以及使用什麼樣的方法，才能達到我們所期待的目的。比如，沒有準確性和精密性的解答的，我們要不要一種粗畧的解答或大約的答案。乏晰邏輯（有人稱爲模糊邏輯）和乏晰數學的開發，正在爲我們提供一個新的運作方式和解題去難的可能。

哲學的再反思：哲學往何處去？

——紀念方東美先生逝世十周年

一、方先生對「分析哲學」的保留

如果我們爲了簡單方便，將二十世紀紅遍半邊天的「邏輯實證論」的哲學和牛津學派的「日常語言」哲學合稱爲「分析哲學」的話，我們可以很有把握地說，方東美先生在生前對於分析哲學抱持着一種極爲保留的態度。作爲方先生的學生——尤其大部份的哲學訓練是在分析哲學的風氣下進行的——作者準備對於方先生這種態度以及其背後的見解，做一點補充性的闡發。

現在回顧起來，分析哲學在二十世紀的知識領域裏所做出的主要貢獻，約有下列數端：

第一，提倡以邏輯分析爲範例的嚴格的哲學方法 ❶。講究清晰、準確和嚴密。開創一種哲學上的謹愼態度和專技風氣。在這樣的風氣之下，傳統的哲學創作受到壓抑，邏輯分析的細膩技術却有長足的進步。邏輯學科的研究和發展更是洋洋大觀，蔚成風氣。

第二，與上述的密切相關的是，分析哲學的風行導致學術研究的

---

❶何謂「邏輯分析」的方法，並不一定有個很準確的通用界說。一般言之，它牽涉到所謂理想語言的運用。將在日常語言中表達出來的問題，映射到完構的或想像的邏輯系統中，在此加以解決或解消。提倡邏輯分析的結果，顯而易見地促成了邏輯系統的考察，帶動邏輯學科的進步。

方法論的自覺。從講究方法進一步到對方法的反省思索，這本來是一件很自然的事。值得特別注意的是，由於重視邏輯系統，講求理論結構，加上崇尚概念分析，推廣語言闡釋的結果，使得方法論的探討提升到另外一個高度之上。幾十年下來，現在我們不但對種種方法之爲用瞭若指掌，對於方法在應用上的局限與難題，更是如數家珍，絲毫不爽❷。

第三，分析哲學（特別是邏輯實證論）對於所謂科學的哲學曾經做過大力的倡導和開發，這是大家所盡知的歷史。事實上，這可能是分析哲學在二十世紀最明顯而具體的工作表現。（這算不算是個最重要的貢獻，則有待將來進一步的分析和評估）。從講究科學理論結構的探索，理論功用的研究，直到較晚近，那些對於科學傳統的闡發，多方面和多角度地展示了人類文化中的科學成就的本色與特質。這是不可抹殺的成就。

第四，分析哲學的一大特色是注重並且擅長於語言分析。從早期邏輯實證論者所熱中的語法分析，推展到後來的語意分析和語用分析，直到牛津學派之後的「言語行爲」的開發，不但把哲學問題的探索披上強烈的語言闡釋的外衣，而且進一步從人類語言運作的現象與成果，直指人類心靈事物與心靈世界的發生與造型。這是二十世紀分析哲學波瀾盪漾，鑼鼓喧囂之後，不可忽略的沉澱結晶。雖然維根斯坦的哲學著作至今依然不斷引發哲學界對於語言與心靈現象的殊多枝節的旁顧，但是作者相信本世紀已經成就的語言分析的傳統，（或許加上歐

❷比如，目前我們不僅對歸納邏輯的證立問題面臨休姆式的懷疑；對演繹邏輯的證立，我們也察覺到同類的難題。經過本世紀的探討和思索，哲學家對於邏輯與方法已經採取一種遠較不獨斷的態度和遠較開放的主張。屬於這方面的思索的包括本世紀的方法論上的無政府主義、方法論上的多元主義以及方法論上的實用主義等見解的開發。

陸哲學傳統的貢獻），終將撥亂反正，去蕪存菁，為二十一世紀的哲學
開出一條比較寬廣，比較健全的道路來。

以上只就大處著眼，揭示本世紀分析哲學的成就。既然有了這些
成就，為什麼方東美先生還要不滿於分析哲學，還要對它採取極端審
慎保留的態度呢？

讓我們對這個關鍵問題作一番簡要的考察。

受過方先生教益的人都知道，當邏輯實證論的哲學正在聲囂塵上，
邏輯學科的研究方興未艾之時，方先生就不時提醒我們邏輯本身只是
一種方法。他有時（比如在國外講學期間）甚至語氣強調地用英文
說，邏輯「只不過是方法而已」。懂得他內心含義的人都明白，方先
生並不是反對邏輯。可是當一種東西只能充當方法的時候，我們就得
留心使用該方法的目的何在，注意我們所使用的方法有沒有它根本上
的限制和缺失。碰巧分析哲學發凡開展之初，許多興風作浪的哲學家
對哲學的開拓採取一種防衛保守、築籬自限的態度❸，加上早先的分
析哲學家誤以為邏輯分析（語法分析）可以解決哲學上的千古難局和
惱人爭辯，更把邏輯之為用宣揚到惟神惟妙，無往不利的地步。那時
候，追隨者很難撥開這種學術迷信，直見問題核心。因此，數十年來
邏輯本身雖然歷經長足的進步，可是它對於哲學的開拓到底貢獻多少？
二十世紀的哲學，注入了邏輯精確細密的強心劑後，健康了多少？現
在我們似乎已經看到哲學病重亂投醫的悲劇性後遺症狀，層出不窮，
演為難病。這時我們不得不細心回味方先生當年的警告和訓誡。

---

❸邏輯實證論者試圖尋求「經驗上（認知上）有意義」的判準，以自清哲學門
　戶，設定工作標準，就是一個明顯的例子。此種判準的尋求，目的在於排除
　傳統哲學中最基本重要的一種成素或一個領域，令哲學模擬科學，開展出一
　種那時前途完全不明朗的哲學改造運動。

我們也常常聽到方先生語帶緊迫地告誡說，「不要當科學的啦啦隊!」這是什麼心懷,什麼用意呢？顯然，方先生也不是在反對科學。但是，讓我們細心設想：努力追隨科學，亦步亦趨，就能促進哲學的進步與改良嗎？爲科學努力做詮釋，大力開發科學的哲學的論題就能幫助哲學的成長，引起哲學的更新，豐富哲學的內容嗎？這些雖然不是簡單易解的問題，當時顯然沒有明白可見的答案，可是幾十年來的哲學原野所發生經歷的，似乎告訴我們情況絕非如此。第一，科學活動是一種文化活動，科學成果是人類文化成果的一部份，也是（而且只是）文化成果的一個層面。科學活動本身有它純潔高貴的精神取向（比如：爲眞理而眞理的胸懷）,同樣地,科學成果本身也有它造福人生的豐富功績（比方：大如開拓知識境界，建造合理的人生觀；小至增進人生舒適，提高生活享受）。可是,科學本身就自動帶有全盤的文化理想和妥善的人生目的嗎？二十世紀多少人類精英投身科學的結果有沒有眞正帶來更加美好的生命素質和更加良善的精神內涵？（更不要說盲目發展科技，經營大衆文化,鼓吹消費主義所帶來的危機與災害）。人類文化需要注重開展的方向和經營的目的，在演進神速，瞬息萬變的時代，此種目的性的把握與自覺顯得愈加迫切，愈形重要。科學研究本身並不自動配備此種文化整體的價值自覺，假如哲學只是一味尾隨科學，以它爲萬是之宗，當它是眞理之源，那麼哲學再能爲人類文化提出目的性的呼號，倡導價值上的反省檢討，開拓人類心靈上和精神上更崇高優美的境界嗎？第二，談到對於科學的反省，我們必須從關鍵大處着眼，把科學活動當做是一種文化活動，把科技經營當做是一種文化經營。我們不能只是着眼末端枝葉，微處細節，專看「科學說明的邏輯」,只顧「科學理論的結構」。這是二十世紀科學的哲學功虧一簣，終告失敗的大原因。到頭來，科學的哲學不但不能指導科學

研究，似乎也沒有促進對於科學實況的瞭解，對於科學的文化涵義與人生價值更顯得鞭長莫及，兼顧無力。科學的哲學顯得與科學活動與科學成果各立門戶，互不相干。看出這種令人沮喪的結果，我們也就不得不認真回味「不要當科學的啦啦隊」的警告。

方先生對於牛津哲學的日常語言分析，也大大不以為然。這是什麼緣故呢？

語言的分析曾經帶來釐清概念，增進認識和擴大與加深瞭解的功能，將來語言的深度研究更要進一步直指人類心靈運作，探索人類理性原理與感情形式，甚至再進一步，在人類文化的演化過程中，指導理性的演化，扶持感性的演化，也就是孕育催生人性的演化。這是二十一世紀以後人類文明的大事，也是到時哲學家可以奉獻才華，開拓新疆界的領域。可是，人性是文明演進的產物，文明的素質與人性的高度（深度）雖然需要從日常事物與日常生活中架升而起，但通常却不會從其中自然湧現，輕而易舉，從容成就。日常語言是日常生活中的日常事物，它本身包容太多庸俗平凡的渣質，無法搖身一變洗鍊出人類心靈的清新。因此，文學需要新的語言，音樂需要新的語言，藝術需要新的語言，科學需要新的語言，連愛情都需要新的語言。沒有新的語言，如何顯示新的概念、新的情意、新的境界和新的願望？沒有了這些，人類的心靈如何洗舊出新，人性如何脫胎換骨，文化如何進步更新？所以，文化需要新的語言，哲學需要新的語言 ❹。所以，只是日常語言，成就不了更加精緻的文明；只是日常語言，哲學根本無法起步開展。

事實上，今天我們已經明顯察覺今日的大眾文化在日常語言的包容孕育之下，對我們的精神理想（尤其是價值理想）所產生的危機。

---

❹在日常語言和新創語言之間永遠有一個洗鍊出新的變化過程。這種變化的橋樑如何堅實架起築高，那是日後我們哲學心理學和心靈哲學所要關心的事。

如果我們不能迅速加以正視，仍然以為哲學家的職志是在日常語言中打轉，那麼將來人類精神出處可能又是信仰（玄幽的信仰）代替理性（日常理性）。人類會不會再由理性的時代和科學的時代，重新回頭步入信仰的時代呢❺？

二、哲學的無力感與將來新哲學的方向

方東美先生這些哲學關懷，事實上可以歸結到一個簡單的文明關懷之上。那就是哲學家對於價值問題的思慮關心和熱切願望。

二十世紀的分析哲學給人帶來的最大失望——其他哲學似乎也好不到那裏——就是對於人類文明前途無力倡說，不能立言。哲學家築籬自限地將自己規範到一個狹窄的範圍（主要是知識與認知的領域）而對人類世界前途啞口無言，不敢道說。雖然那些處於領導潮流，製造時勢的哲學家也許多懷抱着純正的自清門戶的胸懷，甚至也不是對於文化理想和價值問題全無關心，一味放任的人❻。可是風氣嬗變，演成末流之後，哲學家竟自絕於文化的大計，無志於價值的問題。演變至今，哲學家只能在自己的品種之間宣說對話。他們的聲音不再是知識界和一般人的嚮導，更不足以充當人類文明的拓展指標。

可是要打開這種僵局，突破這種困惑，我們却不能只是義和拳式的魯莽行事。只是宣稱從此哲學家要站在時代的尖端，並不表示他們就能規劃人類文明的前景；單單立志思慮文化價值問題，也並不表示他們的言論思想就不落入陳腔，而帶有「經驗意含」或「認知意義」，

---

❺因為在信仰的語言（或宗教的語言）之中，人們重新找到振奮精神和提升心靈的成素。

❻比如羅素和卡納普都在在表現出強烈的道德勇氣和真純的價值意識。

足以引發文化建設的思索，帶動人性演化的努力，而不只淪落謬誤，表現空談，成爲另一番哲學分析的反面教材而已。

所以，我們首先要發問：經過二十世紀的哲學沈淪之後，我們學習到什麼？現在，當我們面對一片荒蕪雜亂的哲學原野時，我們懷有什麼比以往更加高超的見識，裝備了什麼更加有效的方法，從而可以撥雲霧而見青天，理亂局而清頭緒，爲二十一世紀着手開創一種能夠帶動社會，足以指出文化演進方向，倡議人性進化道路的哲學。

從消極方面看，我們必須站在比以往成熟高超的識見層次，避免落入獨斷幼稚的妄想與苛求。比如，每次號稱「哲學革命」的運動都宣稱試想建立「沒有基本假定」的哲學，這是不可能的。又如，笛卡兒式的哲學上之阿基米德定點，也是無法企及的夢幻。不但如此，在方法上和在起點上，我們也不能固執獨斷，迷信獨一無二的絕對主義和一元主義。今後的哲學在方法上和在起點上必須容許多元主義（雖然不一定需要故意製造多元對立）❼。

這一世紀在方法論上的多方探討和深入研究使我們比較清楚地察覺，一切的思辨和證立都沒有一個絕對的起點，但却可以有許多不同的可能起點。（雖然不同的起點可能有不同的起證方式和證立程序，但是除非評鑑的標準事先決定，否則這些方式和程序之間，難以相較高下）。我們必須懷有清楚的目的自覺，才比較容易決定採取怎樣的思辨和證立上的策略。可是目的的尋索不但需要通過多元的競爭與對話，而且更需要參照對於可資選取的方法以及最易奏效的方法之經驗考察。

人類有沒有方法可以獲致對於文明進展方向和人性進化道路的目的除異趨同呢？多元的價值觀是否一定導致價值上的無政府主義，甚

---

❼多元主義不一定涵蘊眞理論的相對主義。關於這一點，因篇幅所限，宜另文討論。

至無法化解價值上的虛無主義或幻滅論調呢?作者認爲答案是否定的。不過對於怎樣才能在價值目的上去異存同，作者却不以爲永遠存有獨一無二的程序與途徑。

　　簡單地說，在人類已有的實然與應然的追求、肯定、闡釋與試圖證立而外，我們應該及時開展「願然」的思辨疆域。願然之事建基於人類的感情。二十一世紀的哲學所必須正視的一大課題就是人生情感的形式、樣態、造型與提升。人類的文化理想必須依賴知識去獲致，但是維護人類文明的決心，促進人性進步的願望却端賴感情使之繫於不墜。

　　作者以爲，當哲學家普遍注重願然之事，熱心開拓情意的探究之後，我們才有希望挽狂瀾於既倒，扭轉哲學的無力感，把哲學帶向一個比較健康的道路上。

　　從比較積極的方面看，要能合理地將實然、應然與願然的全面探索平衡地放置在哲學思辨的視野上，激盪出今後的文化力量，這不但需要更高超的見識層次，而且更有賴別出心裁的設計以及匠心獨運的推動程序。方先生在生前經常鼓吹強調廣含貫通與和諧的哲學，這給我們今後的哲學工作方向一個很大的啓示。

　　哲學的研討在分門別類的個自成長以及支離破碎的各自爲政之後，現在又到了尋求統一集中和綜合運籌的時候。我們不僅要善用過去在知識論裏的成就，掌握系統構作和方法論上已有的成果，更要籠滙當今認知科學(包括認知心理學及人工智能研究)的發展結果，甚至結合像系統學、控制論和運籌學的成就。這不是因爲趨趕時髦，製造表象，而是針對現代社會及明日世界的需要。爲了要改造人類的心靈，鑄造未來的人性，我們不能以過往古代的人類心性與情意做爲出發點，而必須把握今日世界的形勢，順應眼前社會的動力，因應現代社會中

的現代人的現代經驗。在現在這個時代，以及可預見的未來世界裏，哲學的文化改造，以及人性與價值的演化，並沒有一個極為自然，可以順水推舟的動力。我們可以預見目前的物質文明至上的勢力，現代的科技獨尊的趨向，以及今天的消費主義掛帥的風潮，依然會屹立不移，甚至變本加厲。在這些動因勢力的雷厲風行之下，以往曾經有過的人性改革與價值重建的辦法方案常常顯得有心無力，甚至格格不入。唯有動員當代與未來的人類總體認知，選取成熟合理的方法原理和運作程序，加上配合巧妙運用得當的應變策略和入手起點，似乎才足以重振哲學的雄風，領導文化價值的改造，策劃人心人性的提升。

作者認為在殊多可能運用的策略中，經由現在所謂的語言哲學，將之深化形變為能夠照顧處理人類顯然現象與感情（情意）事物的心靈哲學入手，可能最足以用來結合二十一世紀的人類心智成果，領導文化價值的開發，致力人性的改造。事實上，也正是由於這個觀點和臆測，作者一直認為二十一世紀是心靈哲學的世紀──如果那時還有崢嶸頭角，健步風行的哲學的話。

為什麼選擇這種結合深層語言哲學的心靈哲學做為改造文化價值，提升人性理想的先鋒呢？首先，作者採取一種演化的人性觀，認為人性是人類文明演化的結果。未來人類文明的進一步演化，可能導致人性的再演化。人性演化至今的最明顯而又最有價值的特徵就是人類心靈事物的建立，特別是顯然事物的建立。而這些心靈事物中的情意事物如何可能，它們的造型原理和結構基礎到底何在呢？作者認為唯有追溯到人類語言（以及一切表情表意的象徵與符號）之發明和運用才能找到答案。比如，人類有所謂守信用這回事，那是因為人能使用語言（或其他表徵）做出承諾的結果。同樣的，人類有所謂合理不合理，合邏輯不合邏輯，也是因為人會發言說話（或做出其他表意的符號

活動）使然。所以注重一切種類的符號和象徵的記號學，以及研究它的成立基礎和運作原理的語言哲學，以及更進一步追問符號與象徵的使用如何造就人類心靈結構，產生人類心靈事物的心靈哲學，無疑地將爲人類文化價值演進以及人心人性的演化，提供一個重要的探索途徑。

哲學人生的成長

——謹將此文獻給吳祖型校長

0

雖然走在前面的人有義務將自己的經驗傳遞給走在後邊的人，可是當提起筆想要著手寫這篇文字時，內心仍然猶豫不決。

比起自己懷有的生命境界，我現在仍然在仰望爬升的過程；比起自己期望的人生成就，我現在也只不過是在起步努力的階段；因此，要書寫自己——尤其是要寫來對外公開——本是一件很不恰當的事。

1

我是一個從事學術工作的人。從事學術工作的人最容易深切的感受到，在人類世世代代辛苦經營累積的文化理想和文明成就之前，個人的份量顯得不成比例地渺小；在微小的生命裡，自己原可以引為自豪的事跡，在整個人類的歷史上，很可能只是一時的表象甚於恆久的實質；它們或許適宜用來安慰自己和鼓舞自己，却不一定可以拿來感動別人或啟發別人。

另一方面，當我尋索著可以向人報告的個人經歷時，每每發覺真正值得著墨的，經常不是個人自己的作為，而是別人對我的影響——

別人所給予我的孕育、教導和啓示。只要我們細心追想，活得愈長，虧欠於人的愈多。相形之下，自己在人間的地位也顯得更加微不足道了。

2

我是學哲學的。從事哲學給予我很大的感情上的滿足和智性上的獲益。它也是我尋求人生目標的憑藉和提升自己的生命理想和人生境界的橋樑。更重要的是，我一直相信哲學將不斷地爲人類心智的成長和成熟，以及對人類文化的開展和文明的進步，提出獨特而又不可或缺的貢獻。

可是我爲什麼會走上哲學之路呢？哲學爲什麼能够給我感情上的滿足，並且能够滿足我知識上的追求慾望呢？現在經過多年的探討和摸索，我肯定了什麼，而否定了什麼？我對於哲學可望給予人類的啓示有什麼新的嚮往或新的認定呢？我現在正在思慮些什麼問題，這些問題對於自己、對於社會、對於人類，有什麼重要的意義呢？

3

對我而言，生命是一個不可強加分割的整體：思想、見解、感情、性向、喜好目標、興趣焦點、道德標準、美感境界、經驗體認、胸懷眼界、價值判定、行爲準則、待人處事之道、律己自處之方……。這些成素交互作用，互相聯貫，構成一種有機的整合。因此，對我來說，只是談論怎樣讀哲學，怎樣做哲學，甚至怎樣解決哲學問題，本身都容易失之狹隘，甚或流於偏頗。因爲在最終點上，當我們發問爲

什麼一件事情要如此從事的時候，我們將不可避免地觸及意義問題和價值問題。人生的選擇基本上是一種意義的選擇和價值的選擇。在我自己的選擇之下，哲學不只是一種專業，它是一種人生。

這二十年來，世界變化得令人眼花撩亂。今天我們大家都面臨著現代社會的重重壓力。我們的社會也正陷落在所謂「現代化」的種種困難與迷惑之中。個人以往的生命見證，有些也許可以客觀化，提出來做爲我們努力從事繼往開來的參考，不只讓它自生自滅地消失在散亂的私人記憶之中。這是我答應寫作這篇文字的唯一理由。

回想起來，如果我在哲學人生的成長上容有一點可以引爲安慰的收獲的話，絕大部份是得力於從小而大的機緣交錯之間，幸運地蒙受到的許多恩惠。我時時深切的感受到，如果不是因爲有了這些，也許今天我的生命仍然只是一片空白。因此，我也常常在思想，甚至在期望，我們的社會能夠不斷開發這些寶貴的資源，讓晚我而來的人也能夠有幸浸孕其中，領受到生長過程中的甘霖美露。

母親對我的影響

我一生當中最無法忘懷，因此也最奉爲珍寶的就是母親的孕育。

幸福的起點

由於從小失去父親的緣故，母親是我童年心智成長和情意成長的啓蒙人和指導者。她是一個在知識上求新，但在道德上守舊的人。她注重小孩的言行舉止，養成我們日後的自律習慣。我以後一直珍視別

人和自己的這種品質，認爲它是道德實踐上不可或缺的條件。

母親雖然只在日本統治臺灣的時代接受過基本的敎育，但是她却不斷爲了敎育子女，自己接受新的知識和養成新的技能。記得臺灣剛剛光復不久，她卽託人由遠地購買當時稱爲「北京語」的敎材，通過日語爲媒介，自己學習國語。這樣一來，不但奠定了她今日講好國語的基礎，也使得她接上了時代，在我們幼小的時候，可以沒有困難地指導我們的功課，和我們兒女之間也就因而沒有「代溝」的困擾。儘管母親一年到頭都忙著家事——有一度還得出外工作——但是她卻一直沒有放鬆兒女的功課。我已經忘記什麼時候開始，母親才不必每天晚上替我們檢查書包，查看作業，削尖鉛筆。但我清楚地記得，直到我在學習解決那些使用代數方法則簡單，只用算術方法則惱人的四則問題，以及諸如計算不規則平面的面積等複雜的幾何問題時，她仍然不時在一邊工作一邊參與我的思索。那時，我們常在一起分享苦思久想之後忽然靈機乍現，茅塞頓開的快樂。

我常常覺得母親在我童年時代所給予我的啓示和督導，是我日後順利成長的決定要素，也是我時時引爲人生幸福的起點。我常常暗地裡發問，世上有多少人像我這樣幸運，有這樣明理善任而又刻苦認命的母親。對我而言，母愛並不是懂事之後學來的抽象概念，它是在我心智未開之前就已經包含著我、孕育著我、滋潤著我的雨露。

雖然母親所受的正式敎育不多，但或許因爲她早年曾經爲從事木工建築的祖父負責計算開支、規劃材料和整理帳目的緣故，養成她極爲清楚而有條理的思考和工整秀麗的字體。也因爲這樣，從小我喜歡與紙筆爲伍。在尚未入學之前，已經在母親的指導下寫字讀書。幼小時候的記憶幾乎全和書本與紙筆有關。

童年的記憶

有幾件事足以表現母親對子女教育的關心和照顧。這些雖然都發生在三四十年前，甚至更早的事，但是在我的腦海裡，至今記憶猶新。

在我最早期的紙筆活動中，有一件慣常的工作是在母親劃好橫線的簿子上，依照自然數的次序，練習書寫阿拉伯數字，由「1」寫起，向無窮大進發，一直寫下去（在幼小的日子，偶爾也會寫錯數字或弄錯了次序）。有一天早晨，我循例跪坐在榻榻米上的矮桌前書寫。不久，記不清是累了或是感覺不適，我就直接趴在簿子上休息。突然聽到母親由旁邊走道經過，但是已經來不及改變姿勢，只好將錯就錯，依然趴著不敢動彈。心裡很害怕，不知母親會怎樣責備。因為平時如果犯錯，會被母親喊到牆角罰跪思過。正憂慮間，只聽到母親輕輕地走上榻榻米，不作一聲，輕輕將我抱起，放在枕頭上，蓋起棉被，才輕步走開。一時我睡意全消，只靜靜地躺在那兒，思想了好久。我很感動於母親對我的信任，不當我偷懶；更感激於她的寬容。雖然那時只有四五歲，但已經開始瞭解領會母親嚴厲外表之下的慈愛。長大之後，有人說我細心和體貼，這些完全是在母親的愛護之下養成的為人方式。

大約也在這段時間前後，有一天和母親一起閱讀一本有插畫的書。其中有一頁描繪著在學校裡一個班長的表現。母親指著畫中的小孩對我說，希望將來上學之後，我也像他一樣當班長領導其他同學。那時我覺得全無把握，反問她說，如果當不成怎辦。心裡正著急，不知她會不會怪我沒有大志。沒想到她卻輕聲地說，當不成也沒有關係，只要盡力而為就好。聽了這樣的話，內心裡才消除了沈重的壓力感。

可是母親這種不強求最後結果，只計較盡心盡力而爲的精神，卻一直深深感召著我，影響我幾十年來的工作態度和處事作風。

母親怕我們受到一些口說粗話，動作野蠻，衣著骯髒的鄰居小孩的不良影響，通常不讓我們外出街上參與嬉戲耍鬧。於是我和妹妹通常在家裡看書玩樂之餘，只憑靠著高窗，下望一群街上小孩的遊樂和武打。自己在觀看眺望之餘，也沒有下去參加的願望。也許這樣，久而久之，養成我安於孤獨的生活方式。有時甚至不知如何在群體生活中表現自己。後來母親曾爲這點擔心憂慮過。

那是我初上幼稚園的事。聽說起先我不肯上學，聲言如果老師只教我一人才肯去。等上學之後，也不肯回答老師的問題——雖然老師說的話我全能瞭解，而且照理我也全能回答應對。那仍然在臺灣光復之前，我們的幼稚園設在一間大廟裡。那段日子，每天母親都得親自跑到廟前，從雕牆畫壁的空隙觀望我在學習上的表現，深恐我不能適應學校的生活，妨礙日後的長進。回到家裡還得和祖母串通起來，對我軟硬兼施。母親在這段時期的焦心憂慮可想而知。好在我的老師知道母親對我寄望之殷和關懷之切，不斷安慰她，並且保證我的問題只是暫時的，還大膽地對母親說，這樣的孩子將來定會出人頭地。母親才稍爲放心。果然不久之後，我在學校裡的表現一直沒有令她失望。

不知是不是因爲有了那一段經驗，母親一直和敎導我的老師們保持密切的聯繫。母親認識在幼稚園和小學裡敎過我的所有老師。跟他們討論我的學業進展情況。其中有不少老師還親自到過我家，觀察我的學習環境。有的老師甚至在日後成了我們家庭的友人。

母親的尊師重道是有名的。記得有一位在我小學五六年級時敎我史地的老師在我畢業那年辭職遠去。母親爲了感謝他對我的敎導，在

他離去的那天，一大早就起身和祖母一起準備豐富的早餐，天未破曉就老遠送去給那老師，免得他空著肚子踏上旅程。

求知的良伴

我在升入小學二年級時，第二次世界大戰結束。日本投降，臺灣光復。母親也遭遇到重新適應的大難題。她辛苦地在工作之餘，自修她完全不熟悉的語文，終於克服了困難，繼續勝任督導子女功課的重擔。

光復之初，有一段時間我們在語文方面並不是直接學習國語，而是學習以閩南語發音的「漢文」。那時臺灣一般的經濟環境欠佳，沒有固定的課本作為教材，常常只靠老師寫在黑板上的字句，當場抄錄練習。記得有一次，在漢文堂上看著黑板上的文字練習讀音。回家後，母親查問學校的功課，我一一從記憶裡將所學生字寫出來。但是其中有一個字我突然記不起來，母親多方設法仍然無法喚起我清楚的記憶。那時我家已經搬入農村，母親一邊餵豬飼料，一邊拿起她僅有的幾本有漢字的書，一字一字地指給我辨認，希望能幫我找出我所遺忘的字。那時我一口咬定該字是以「彡」的筆劃開始的。母親和我找來找去都找不出我所要的字。不得已，母親提議我們一起到學校教室去察看。我答說那些字已經擦去。可是母親卻說擦去也無妨，可能在黑板上仍然會留下一點殘餘的痕跡。於是母親帶著我走回學校。進了教室，赫然發現全篇文字還完整地留在黑板上。母親喜出望外，利用隨身帶來的紙筆，抄下全文。我忘記的字原來不是由三撇起頭，而是在「目」部首裡頭的「看」字。

母親並沒有責備我。也許那時我剛從日文的片假名轉學漢字（戰前日文的教學是由片假名開始的），那個「看」字已經算是一個頗為

複雜的字，而且那個字在日文的漢字裡，也不是個常見的字。母親察覺到這一點，後來一直十分注重我所使用的工具書。記得這件事發生後不久，母親就為我購買一本當時很罕見的辭書：上海商務印書館出版的王雲五大辭典。也從那時候開始，我不斷地添增各形各類的工具書，而且在翻查這些工具書裡獲得許多寶貴的知識。廣泛地使用辭書和其他工具書的結果，引起我對詞彙學、注釋學和辭書編纂學的濃厚興趣。曾經立志將來要編寫一套對讀者更有益的辭書。

進一步思索

母親對我的啓發和教訓無法簡略地全盤道出。但是每當想起自己人生當中的殊多幸運之時，我就不由自主地發問，在那些美好和有益的經驗當中，什麼是可加以「客觀化」的成素，令我能夠提出來作為別人的參考，使別人在他們的生命成長的過程中，也像我一樣受益受惠。

在這樣的考慮之下，我常常發問一個問題：怎樣使家庭教育在現代社會裡扮演一個更積極更有力的角色，發揮更深入更長遠的功能。我更不時在思想：怎樣令父母（特別是母親）在子女的心智成長和感情陶養的過程中，產生更加顯著和更加直接的影響；在人性的塑造上，提供不可或缺和不可取代的貢獻。

我們都感受到現代社會的重重壓力。在這種壓力之下，我們的生活方式和生存面貌產生很大的改變。表面上看來，只要我們善加適應，不難維持社會的繼續運作和人類的繼續生存。可是，我們也應該進一步深入設想，這種生活方式的改變和生存面貌的改變是不是只意味著一種表面的變化。說得明白些，生活方式的絕大改變和生命面貌的全面變化是否只影響人類風俗習尚的變更，或者有可能更進一層制約人類

性情的變化，甚至更進一步引導人性的改變呢？

　　我們只要這樣簡單設想：講電話和寫情詩所可望觸及的愛情深度一樣嗎？在母親的懷抱裡，感受到她的體溫和她的心跳而成長的嬰兒，和整天擺放在集體育嬰室裡，少有人去撫弄少有人去兜談；只靠劃一作息，統一照管而成長的嬰兒，他們對人對事又具有同樣的情懷嗎？爲什麼給母狼帶大的幼兒充滿野性？爲什麼在集中營裡人那麼容易喪失尊嚴？如果這些不是短暫的遭遇而是長期的制約，我們還能保有原本的人性嗎？在這個急劇變動的時代，在這種科技的成就、社會的體制、人類行爲的規範等等都在急劇變動的時代，人性的成全更加交付到人類自己的手中。從哲學的觀點來看，我主張採取「人性演化論」，並進一步鼓吹採取必要的思考、決策和行動，使「人性建設工程」成爲社會建設和文化建設的一個重要環結。

　　無可懷疑地，在人性的締造和成全之上，家庭扮演著舉足輕重的角色。特別是人性中的情意養成更必須從家庭裡那種溫情的呵護開始，而不是由統一的職業化出發。母愛是無法取代的，它是一切愛心和愛情的典範。

　　有人或許會懷疑那樣的可能性已經一去不復返了。今日，我們的生產方式和社會結構已經完全改變，就是母親也得忙於她的專業，根本沒有空暇和精力去照顧她自己的子女。可是我們也必須同時體認到，今日科技的發達也爲我們提供重新調整生產方式和再度改變社會結構的可能性。比如，現在電腦技術和資訊工業的發達正足以將一部分的婦女工作轉變成爲「家庭副業」，問題在於我們有沒有這方面的關懷和期望，我們的價值觀念是否產生必要的調整，我們的社會有沒有一套改革計劃和建設計劃。

受用不盡的「充實」

很多人都觀察到臺灣的高等教育在六〇年代曾經培養出一批頗有優良表現的人才。我自己對於這個現象有一個聽來或許出乎意料的「解釋」。我認為那時臺灣教育上的成就可能主要得力於五〇年代臺灣中學教育的堅強，尤其歸功於那時中學師資的優良。

臺灣光復之初，大約有一批懷著辦學熱情的教育人士，跑到臺灣投入教育工作（我所敬仰的一位中學校長就是）。接著大陸撤退，更有一批知識分子遷徙來臺，加入中學教師的行列。一時，臺灣中學的師資陣容優越空前（其中文史方面的鼎盛師資似有絕後之勢）。我自己一直覺得非常幸運，恰好躬逢其盛，在那段時間接受了極為充實的中學教育。

我所指的「充實」是多方面的。但是語文方面的修養和品格方面的陶冶最令我無法忘懷，而且終生受用不盡。

難忘的校長

那時我的家鄉只是蘭陽平原上的一個小城鎮。比起相隔不遠的縣治，仍然算是個比較偏僻的地方。因此鎮上那間中學的規模也很小。初中部每一年級只有三、四班；高中部每一年級則只有一班。

雖然這間中學在表面上毫不顯眼，但那時候主持校務的卻是一位主修教育，充滿辦學熱忱，正直能幹，和藹可親，有見識，有毅力，有抱負的校長。我入學之後不久，就和這位校長有了接觸。

　　記得那是一次演講比賽的場合。我代表班上參賽，而那位校長也在評判之列。比賽過後，尚未宣布成績之前，我們在會場之外碰面。他大概對我演講時的表現感到意外地滿意，問起我畢業的小學和考入的成績等等。我已經忘記和他對答談話的其他內容，但是我清楚地記得那時候的感覺。那時我初入中學，膽子很小，不敢多說話。可是在回答校長的問題時，卻絲毫不感覺到拘束。因為他態度真摯和藹，流露著親切近人的神情。

　　在那一段日子裡，校長負責盡職和以身作則的精神更在我幼小的心靈中留下一份永難抹滅的印象。有一次學校推行環境衛生，我親眼看見他走過校園時，低身拾撿地上的字紙。又有一次接近學校招生的時候，他除了在朝會上向全體師生說明學校招生必須公正廉明的要旨，並且希望我們將這個意思回家轉達家長、親友和其他社會人士之外，我們更發現他在宿舍家門明白貼上「託情謝絕，尚請原諒」的字樣。我們學生常有機會接近校長，有時是因為舉辦活動請他參與，有時是他主動接觸學生詢問我們學習的情形。比如，我幾次代表學校去參加全縣的演講比賽，事先都到校長室去「預演」一次，請他和其他幾位老師指導。每次我都從校長的評論裡獲得很大的進益，從而由衷佩服他的觀察和指引。有一次他把我叫去辦公室，並且要我把整個書包也一起帶去。那時我真緊張著急，不知會有什麼事情發生。坐定之後，才知道原來他是在向班長查詢每一科目的進度情形，追問學生對於教師授課的意見。我一生當中只遇到一位如此熱心盡職，並且處處可以為人表率的校長，在我年輕時代的生命成型過程中，給我極大的啟示和感動。（非常令人痛心的是，這位校長後來居然被誣告為思想有問題而遭受到一段冤獄之災。此後他黯然離開了教育界，轉行成為一位頗為成功的企業家。可是即使在他從商的日子，也念念不忘教育

方面的事。有一次，他到某一大學物理系辦公室去接洽實驗儀器進口的事，發現學術機構中的教學部門竟也有人伸手要求「回扣」。此事令他極爲傷心，決定放棄那筆生意。）

雖然未等我初中畢業，這位可敬可愛的校長就突然離去。但是他的辛苦耕耘和盡心效力已爲學校立下了很好的辦學基礎，他的熱心、公正、眞誠和盡職也爲師生樹立可貴的典範。那時學校裡普遍存在著一種純樸、踏實和親愛的風氣，令我往後數年繼續接受一段很健全的中學教育。

我們常常聽人討論，爭辯在成事的過程中到底制度重要或是人事重要。在我自己的經驗裡，感動我，啓發我，令我深深受恩得惠的，往往是一些優秀的個人所樹立的榜樣。

中學的生活

那段中學的日子可算是一個多彩多姿的時代。特別令人難忘的是學習的經驗、師生關係和同學之間的親愛。現在回想起來學校有兩方面的教學措施令我們的中學時期過得更有意義和更加健康：一方面是課外活動的特別注重，另一方面是生活教育——自然包括德育——的認眞推行。這兩項都直接或間接地豐富了學生的學習經驗，增進了他們的知識和技能，特別是在正式的教室授課和書本傳習之外，與老師建立了更多面、更深入，並且更親近的關係。不但如此，同學之間也因各種實際的工作需要，養成互相協調，彼此合作的習慣，甚至養成設計規劃和領導創新的能力。

舉例來說，當我就讀初中的時候，學校裡有兩種類型的課外活動。一種是用來增進個別學生的知識、技巧、體能、品味和鑑賞能力。另一種是用來養成學生團體生活的處事程序、待人態度、合作精神以及

領導能力。前者像每一學年不盡相同的書法班、寫作班、繪畫班、縫紉班、音樂班、戲劇班、棋藝班、無線電班等等。後者最值得稱道的是班會（級會）的組織與運作和通常以班級為單位的團體活動和團體競賽，比如運動競賽、遊藝晚會中之節目比賽、級園佈置比賽、教室清潔比賽和壁報比賽等等。學生在這些團體活動中，不但學習到不容易在一般課堂和書本中獲得的知識和技能；更重要的是，這些活動常常能夠激發學生主動尋思的習慣、計畫安排的能力、負責盡職的態度和捨己為公的精神。

比如那時學校盛行壁報比賽。可是一幅壁報的完成一方面需要群體的工作和智慧，另一方面也需要個人的策劃與安排。從主題的決定，文章的徵求，報面編排的設計，報邊和報頭的構想，需用材料的選購，直到最後階段的抄寫、繪畫、剪貼、拼合和張貼懸掛，前前後後需要許多時日的工作和不少人手的參與。為了及時完成，每一步驟的安排都必須小心謹慎，每一階段的工作都必須認真執行。雖然這類工作全都只能在課餘之暇進行，而且並非全班同學都有機會實際參與工作。可是每當編製壁報期間，負責工作的同學將不同階段的半完成品擺放在教室後面的時候，總會引起全班同學的注意和興趣，大家或觀摩欣賞或參與意見。全班都感覺到自己的團體正在製作一份參與比賽的作品，因此處在精神高漲的狀態中。實際負責工作的同學也經常在這種氣氛之下，養成一種責任心和榮譽感。

我們常常利用星期日，甚至利用夜裡，回到學校從事這類工作。班上的導師知道了，有時會前來慰問我們和鼓勵我們。我們往往在這類課餘的接觸中，更深入地和老師產生親切的交流，聽到許多不容易在課堂上聽到的話，吸收到很多平時得不到的啟示。

像編製壁報這類的工作令我們在中學時代增進了很多技藝，同時

也加深了不少人生的體驗。比方，我們除了學會多人之間大家應該如何通力配合，如何解決不同意見，如何發揮個人長處之外，也學習到許多解決問題的方法知識。比如我們分析壁報比賽的致勝因素，發現有些長處在設計時已經決定，有些則在工作執行中慢慢逐步呈現，另外還有一些屬於偶發成分，或個別獨特條件，必須靠隨機應變才能「出奇致勝」。

　　那段中學的日子過得豐富而多彩。我們在課堂裡使用燒杯做過冰淇淋（雖然做成之後只有男同學膽敢品嚐）。爲了參加校際比賽，我們也用絲瓜製造過「天然香水」和香皂（雖然女生也不敢試用）。我們辦過油印小報，有時批評學校措施，害得校方必須在早會上向全校同學「解釋」。我們努力栽植級園裡頭的花木，令校園更加優美。我們在童軍活動裡，到深山野地立帳築營，劃地防守，與試圖偸營者鬥智鬥膽。（有時遇上天雨，煮出半生不熟的「童軍飯」）來）。我們在春節期間成群結隊騎著單車到處去向老師們拜年，然後輪流在同學家裡聚餐慶祝。

　　多方面的課外活動不但令我們學生反應較爲靈活，手腦較能並用並且養成我們在新環境之下和新問題之前的思考尋索的習慣。更可貴的是，每當我們智窮或技短的時候，總是能夠找到老師從旁指點，令我們不斷在思考當中進步，在躬自實踐裡更上層樓。

　　只是散漫而無目的的課外活動並不一定有什麼特別的教育意義，但是在一所注重生活教育的學校裡，兩者卻能密切配合，構成健全而實效顯著的人品教育。

老師的身教

記得那時學校門口掛著一副對聯：「做一個活活潑潑的好學生，

當一個堂堂正正的好國民。」那時候的教師顯然對於自己在社會中所扮演的角色有份自覺和自許，因此在教學的工作上表現得非常認眞努力和負責盡職。這給我們學生很大的感染，暗地裡常以老師的表現爲榜樣。在生活教育裡，身教是最動人，最直接，也是最有效的傳習方式。

記得有一次在幾何證明作業裡，其中有一個題目我不會做，因此就空著交上去。沒想到，發還時發現老師一步一步將證明完全寫出。看了令我甚覺慚愧。心想我如果認眞多想，說不定可以不必如此麻煩老師。另一方面也相信老師大約知道我平時並非懶散敷衍之輩，因此才會這樣詳細地爲我把答案全部寫了出來。內心也生發一點小小的安慰。跟著認眞的老師，自己也變得認眞起來。這是身教的具體表現。

在我初二或初三的時候，我們學校教務主任的母親去世。我們也去參加家祭儀式。這位教務主任老先生平時嚴厲認眞，不苟言笑，很得學生的敬畏。可是在追悼會裡，他披麻帶孝長跪棺前，傷心地唸讀祭文，竟然涕泗交流而無法終篇，由另外一位老師接讀下去。此情此景除了令我們傷心感動之外，也令我們更加深刻地領會到「孝」字的內涵和親情的意義。

人生與情意

學校也常常鼓勵我們參加救災濟貧等社會活動。（比如有一次我們全校師生捐款爲一位戰士購裝義手。另有一次我們「義勇」地爲學校附近一位老農夫的茅屋救火等等）。在我們就讀中學的時代，學校的教育仍然能夠與社會的生活配合，加深它對我們人格成長和人品定型的影響。

想是因爲許多老師們都以學生的德育爲己任，所以除了級任導師

和教「公民」課的老師之外，像「國文」課的老師，史地方面的老師，數理課的老師，甚至「體育」課的老師，都常常跟我們談論人生的道理和為人處世的準則。我們在中學的時候，想了很多的人生問題，顯然是得力於老師們的開導和指引；也在那段日子裡，我們同學之間最能互相砥礪，關心國家大事和世界前途，胸懷無限豪情，立志救人救世。

記得我們讀中國近代的歷史，曾經讀得義憤填膺；上地理課時，也聽得魂飛神往。同樣地，讀「正氣歌」和「與妻訣別書」不只在背誦課文，而是在代入人格，砥礪氣節；唸「荷塘月色」與「背影」也不只是欣賞文采，而是意境的投射和情感的飛揚。中學時期是個多情的時代，也是一個人在情意上建立基本價值系統的時代。在那樣一個重要的人生階段裡，我很幸運地置身在一個良好的教育溫床，接受許多可敬可愛的老師的教誨。

現在有許多關心教育的人士談論著中學生的道德教育問題。可是我們必須認清，由於道德不是人生表面的裝飾品，而是我們的氣節和操守的內在憑藉，它不只建立在理性上的斟酌和概念上的把握，更建立在人生情意的養成和生命境界的超脫之上。真正道德的境界不是一種知識的境界，也不是一種技術的境界；它是一種美感的境界，是一種藝術的境界。所以，假若把道德教育從其他教育——特別是情育和美育之中隔離起來單獨實施的話，往往容易淪為死板教條，流於抽象空洞，不但收效甚微，成果難卜；施行得不好的話，甚至步步艱難，產生與預期相反的結果。因為這個緣故，實行道德教育往往遭遇到一種看來充滿弔詭的情境：表面看來明明在講求道德教育，事實上卻不是在進行道德教育（根本不產生道德教育的預期效果）；相反地，表面看來似乎並不一味講求道德教育，事實上卻真真實實地進行了道德教

育（收到道德敎育的期望結果）。這就是爲什麼嚴厲的中學訓導主任往往只能做到監督學生校內行爲的效果，很少能收到陶冶學生內在品格的功能。

生活的榜樣

眞正的道德不是外在化的行爲表現，而是內在化的人格品質。中學的時期是人生價值內化（自然包括道德價值內化)的最重要的階段，如何在這個階段裡，讓一個年輕學子體會到生命的可貴，人生需要嚴肅對待，人與人間可以美好相處，愛使人生美好，愛使人生崇高，愛使人間的痛苦變成可以化解消除。這樣他們可以進一步建立自己的情懷，陶冶自己的情緒，穩定自己的感情。從而自尊自愛，從而立志自許。可是在這個涵養建立的階段，他們不只需要（甚至不太需要）觀念上的說敎，他們更需要動人的榜樣。我們的學校和我們的敎師能不能提供一種適當的「生活環境」（敎育卽生活），令學生修習其間而體驗到美的生命的可能，愛的生命的可能，道德生命的可能？這是我們從事德育首先必須認眞設想的事。我們必須強調生活榜樣的重要性，也必須同樣強調「道德概念敎育」並不等於道德敎育。前者也未必是後者的預備敎育，因此也不是後者的必要條件。

回顧那段中學的日子，我認爲老師們的「身敎」是最值得稱頌銘感的事。除了上面說過，老師的認眞盡職，不懈不怠，令我們自然而然地感染到一種對自己負責的自律習慣之外，他們在關心德育上的一貫作風和始終貫徹的精神，也是敎育成功的一大因素。記得上面提過那位敎務主任的大兒子也在我們學校就讀。在我們心目中他是個品學兼優的學長。有一次，聽說有老師批評他態度驕傲，被他父親知道了，回到家裡受到一頓嚴厲的訓誡（聽說還挨了一記耳光）。消息傳來，

我們都以此爲戒。那位教務主任能夠嚴格管教自己的子女，因此他對我們品性上的認眞要求，也就更令我們心服。（現在我們好像有許多從事教育的人士，自己的子女卻乏人管教！）那時我們那位教務主任經常強調「做一個堂堂正正的人」之重要性，因此，不論在課堂上或在像早會等集會裡，常常從種種不同的事例中，分析講解各種人生的品德。他也常常強調謙虛不驕和圓通不偏的品德。我記得很清楚，每一次當他站在臺上批評一些學生的不良習氣時，我常常暗地裡自己反問，老師所指謫的是不是就是我。於是心存警惕，不敢有所鬆懈。那段日子，自己也常常以修練自己的品德爲中心要務。有時，甚至覺得自己略有所成，而頗覺欣喜。記得在那段年輕的日子裡，像「養天地正氣，法古今完人」這樣的話，實在具有銘心刻骨的意義和撼動性靈的品質。

熱忱與感染

我很幸運在就讀中學——尤其是就讀初中的時候，學校裡聚集了一批優秀的國文教師。他們幾乎全都是從大陸撤退而來的，具有非常優秀的中文素質。他們不但滿腹經綸，出口成章，有豐富的國學知識，善於講解表達和啓發思緒，而且同等重要的是——甚至從學習心理的觀點看，更重要的是——他們個個都寫得一手不同字體的好字。那眞是個天作的際遇，那眞是個令人興奮的學習環境。

在這些老師的課內教導和課外感染之下，我們同學在中學初期就學會了寫詩塡詞的方法（這些顯然不在當時的教學大綱之內）。未等初中畢業，對於各種文體的寫作也有了很確實的把握。那時我們雖然依照傳統方法臨帖，學寫大小楷。但是，事實上學校裡那整排的佈告和懸掛教室內的標語上的字跡，本身就是最好的模仿的榜樣！我們在

耳濡目染之間，很快把握到一些書法的要訣。記得那時我們常常對著那些字出神，希望自己也能寫出那麼美妙的字來。那眞是一個良好的學習環境，而且我們也並不是太過愚蠢的孩子。果然在初二或初三之時，我們寫的字有時已經到達「幾可亂眞」的地步。記得我們寫的標示曾經引起一位本身能書善字的老師駐足觀賞，並且探問是否出自另一位老師之手。又有一次，在壁報上，有一首長詩我們特別使用自創的綜合字體抄寫，也引起前述教務主任的駐足長觀（他本身是一個詩人和書法家）。當他獲悉那些字也是出自學生之手時，好像難以置信似的輕輕地搖頭，面露欣慰的顏色。作爲學生，在學習的過程中，還有什麼比這個更開心更得意呢？在我們年輕的時代，在我們那間中學裡，在我們那些老師的教導之下，學習常常是這樣令人鼓舞，在辛苦之中能夠獲得很大「補償」的經驗。

　　在國文課裡，我喜歡作文堂。因爲那是發揮自己的想像力和創造力的時候。可是，要不是老師們批改認眞，講解詳細，評語富於鼓勵啓發，我相信我們也不會有什麼長足的進步。那時，臺灣的中學教員待遇菲薄，我們偏僻小鎮的學校，物質條件不佳。可是，是什麼力量令這些老師那麼認眞努力，負責盡職？他們必定有一份對於教育工作的熱情，從奉獻和給予之間體現出生命的意義。每當想起這些，我就格外懷念這些老師，格外敬愛他們，也格外地感覺到自己的幸運。也因爲他們生命的啓示，我也曾經立志要成爲一個教師，成爲一個教育家。要在蘭陽平原找一個濱海的地方，興辦學校。將我得自老師的生命分享給我的學生。

　　對我而言，這些師長所給予我的恩惠是無法計量的。在他們的啓發和開導之下，我開始思索宇宙，思索自然，思索人生。後來並且漸漸地走向文學，走向思辨，走向哲學。

學習愛和寬恕

我們常常聽人談論「愛的教育」。所謂愛的教育在家庭的情境裡，往往不難想像，也很容易瞭解。可是在制度化的學校正式教育裡，所謂愛的教育卽使概念上並不模糊，但其實際的內容如何，也常常失之籠統或混含。不知是不是由於我看來好學的緣故，從小受到老師們許多額外的照顧。像是演講的技巧、寫字的祕訣、作文的要領等等，很多是從小學開始老師在課外時候教導的。在小學時，我常常幫助老師們做一些例行的公事，從而學得很多處理問題的可貴經驗。比如幫忙登記分數必須講究絕對準確，複查再複查；幫忙評改試卷必須嚴守評分標準，公正不偏等等。也在這類工作之中，我得悉學校教學的運行。比如每位老師在每一科目上都備有教學大綱和進度表，依次循序講授。所以在小學四年級時，級任導師突然病重長期請假，我竟能自動拿起老師的進度表，領導班上同學自修，保持進度，沒有脫節。我在做這類課外工作時，常常得到老師們的鼓勵，增加我不少的信心。

小學畢業，有位老師離校他去。我和他保持聯絡。數年裡，書信來往不斷。這是我眞正學寫信函的開始。在那位老師不嫌麻煩，耐心引導之下，我慢慢學會各種書函的體例、稱呼和結尾用語。把握到書寫一封信件的結構要件。

比如，是他敎我在信上可以稱呼「慈祥的父母」，也可以稱呼「慈祥的老師」，但卻不能稱呼「慈祥的哥哥」等等。也是在和他的通信裡，我不斷增加許多實用的知識（包括第一次背誦了國父遺囑），瞭解社會情況，關心時事等等。後來信件多了，為了登記和分類，我還自己創造發明了一種小小的歸類系統。

我常常受到這類額外的恩惠。如果不是那位老師發乎師生之情，

出於一片愛心，他為什麼要跟一個年幼無知的小子，長年不斷魚雁往來呢？

等進了中學，尤其升讀高中之後，我又體會到為人師者關切學生的胸懷的另一層次。

記得大約在升讀高二的時候，我突然對於因為成績優良或參加各種校內校外比賽獲勝，必須屢次在全校的集會裡被召喚出去領獎的事，感到十分厭膩和心煩。成績的事，我無法故意將它搞糟；但我決心不再參加各種比賽。有一次全縣又要舉辦中學校際演講比賽，學校又要派我代表去參加。我向負責此事的老師報告不願參加的原因（但不是什麼冠冕堂皇的理由），但他因為事關學校榮譽，不願作主，而將我的「案件」呈交教務主任（不是前文說到那位）。教務主任把我叫去，相談甚久，最後他終於答應讓我「違抗校令」，不去參加。我感激之餘，滿口答應參加學校改派的代表的練習，參與訓練，將自己的經驗貢獻出來，做為參考。這是我第一次拂逆師長的意旨，但卻獲得了同情與瞭解，令我對於師生之間的感情增多一份體會與嚮往。後來我雖然也因學校代表的敗落而深覺難過，但我好像慢慢感覺到世界上好多事情都不可能有完美的安排。理短詞窮之餘，需要感情上的通融。我們常常得請求他人的原諒，自己也只好學會寬恕別人。

信任與寬厚

高中時代有軍訓一科，那時曾經有位教官，自己是知識青年從軍出身，懂得青年人的心理與氣質，能夠信任我們和寬待我們，也在我個人的生命成型過程中，產生過積極有益的影響。

我因擔任班長，在軍訓課時自然成為發號施令的分子。不知那裡來的潛能，我對喊口令和指揮隊伍很快地居然變得熟練而生巧。這樣

一來減少教官的許多麻煩。上術科的課程時，他只要做些必要的講解和示範，就將隊伍交給我指揮，操練演習。我在這類的實際經驗中，學習了許多指揮部隊的原理、方法和技巧。由於練習的機會多，令我在如何指揮隊伍，使衆人的動作齊一和步調一致方面，深有心得，幾乎達到得心應手的地步。這樣一來，更得到教官的信任。常常將組織、計畫和管理方面的事交給我們同學自己辦理，他則參與執行，以及和我們一起檢討成果。

　　比如，當我們要離校到遙遠的山野去從事實彈射擊演習（打靶）的時候，我們首先必須勘察地形，設計部隊行軍路線，分配槍械、彈藥、靶架、靶紙、報分桿、警戒旗以及圓鍬、十字鎬等等工具的攜帶與運輸，考慮出發時間、準備時間、實際射擊時間、善後工作時間及收隊時間的配合，並且還要訂出天候變化的因應措施。到了實習場地，如何利用自然的地形地物，建立靶場：設立射擊位置和靶位，決定看靶報分員之蔽護所，成立警戒線等等，也全需要周全的計劃和安排。這類事務經常在教官的信賴之下，由同學自己設計執行，他只從旁加以輔導，令我們在實驗的過程中獲得很多寶貴的經驗。當然，有時我們也難免犯錯，他只好為我們擔負責任。記得有一次野外打靶的日子，教官隨著先行人員先去佈置靶場。我們一群男女同學騎著單車，肩著步槍，浩浩蕩蕩向鄉下出發。途中大概領隊的位置不明顯，一個警察派出所的警員看到，以為我們無人帶隊，告到學校，說我們「攜帶武器，耀武揚威」而過！

　　在年輕的時代，愈得師長們的信任，我們學得愈快，學得愈多，而且學得愈好。這樣一來，我們也就會更獲得師長們的信任。這是個學習效果的善性循環。不過卻需要懂得年輕人的心理和需要的師長，首開其端，引起這個雪球的滾動和脹大。

　　那位教官在這方面的教育方法上是個很成功的例子。他連一次全校的野外大演習都大膽地讓我們計劃細節。我們也就因為感受到責任重大而全力以赴。

　　記得那是一次包括武裝長途行軍和夜間駐防的綜合演習。我們經過大半天的疲勞行軍，抵達防地，將主力部隊安置在一所學校裡，派出前哨部隊駐紮一個大溪谷，以防守橫跨溪上的大橋。我們得派出斥候，偵察事先佈置好要來偷襲的「敵人」之虛實，還得安排主力部隊和前哨部隊之間的徒步通訊。夜間的衛兵佈哨和查哨也是個大問題。因為在伸手不見五指的山谷暗夜裡，我們不但得使用口令和密語，還得不時改換這些口令和密語。在那樣的黑夜裡，我們無法以容貌區別敵我，也無法只憑言語辨別虛實。那晚，山谷間不時傳來人為的獸聲禽語和交閃不定的電筒信號，都是敵人四伏的表現。那是個緊張忙碌的守夜經驗，可是在我們周密的規劃和臨時機智的應變之下，長夜過後，破曉天明，查點之下我們既無失地，也無人被俘。大家都為圓滿達成任務而在辛苦疲乏之中感到一份充實的滿足。

　　事後教官大為讚賞我們。可是檢討起來，這正是因為在他的信任之下，我們能夠積極發揮主動的創造精神的緣故。這件事一直帶給我一種美好滿足的回憶，也在教學方法上給我很大的啟示。

　　可是對這位教官，我卻一直為一件往事深感歉疚。他雖然十分信任我，但是當他看到一些不如他意的地方，對同學訓起話來也頗為嚕囌。記得有一次朝會（升旗典禮等）剛完，同學解散回教室準備上課。我們班上十幾名女同學被教官留下，排隊在操場上聽他訓話。不知是不是她們在朝會時沒有站好，或者隨便講話，或者什麼的，只聽到他聲色俱厲，訓誡不停。幾分鐘過了，看他好像仍然不準備罷休的樣子，我就從教室走過去，對他說：「請教官把隊伍交給我」。他正厲聲將一

句話罵出一半，看到我這麼說，立即煞住，沒等將整句話完成，就調頭
走開。我接過了隊伍，立即喊了一聲「解散」，大家也就走了。事後，
我覺得我做得太過衝動，太過魯莽。教官那麼生氣，那麼嚴肅地在訓
誡她們，我至少要等他走遠一些才解散隊伍；甚至還應該勸告同學以
後小心檢點。好在教官當時不以為忤，沒有對我發作，事後也沒有向
我提過這件事。我對他的寬容，一直難以忘懷，時時心生感激。一位師
長能夠以寬容的胸懷允許年輕學子血氣方剛時的一些不成熟的表現和
作為，這在他們學習的過程中常常是種極大的鼓舞，有時也是種極大
的安慰。這使他們感覺到一種關懷，一種呵護，一種親情。這些是一
個人心智成長的刺激，也是美好情操的滋養。使他對自己的人生、別
人的生命和世界的未來懷有深切的寄望和美麗的憧憬。在根本上，情
育是德育的基礎；可是談起情育，最重要的就是培養一顆會受感動，
會受振盪的心。

未必盡善盡美

我很幸運孩提時代和年輕的日子都在富有關懷的氣氛裡成長，令
我長大之後，對世界的未來和人類的前途具有更加深切的信心和嚮往。

當然，那時我們所接受的中學教育並不是在各方面都談得上盡善
盡美。不但如此，在我們升讀高中之後，中學素質似乎開始走下坡，
教育的精神和教育的理想好像也有點敗壞和變質。

首先，約在我們開始升讀高中的時候，臺灣的中學教材有個很大
的改變。包括國文在內的幾個科目突然改用全省統一的「標準本」。
其中影響我們最大的大約是國文的標準本。

記得在初中的時候，我們學校所採用的國文教科書編得頗為活潑。
除了課文和註釋之外，還有題意分析和文法常識。文章取材方面，包

羅廣大，不流於一宗一派，更不淪於一個時代的短見。所以，我們在初一時，還從課本裡讀到像「梵志翻著襪，人皆道是錯，寧可刺你眼，不可隱我腳」這樣的活潑（是否可愛可以另論）的小詩。等到統一的標準本一來，晴天霹靂，令人呆愕。無論內容或編排都是標準的呆板和統一的枯燥。取材方面則到處充滿一味講道和一味說教的文字，可是卻又一不像公民教材，二不像道德教材，三不像政治教材。註釋方面則採取一種未點到即停止，惟恐說多則多錯，說明白則容易出問題的安全躲閃方式，註而不解，解而無益。這樣的標準本令我們同學的興趣大大地統一降低。幸好那時我們學校還有一批極為優秀的國文老師，他們的講解仍然吸引我們。不但如此，他們還油印了一些課外讀物，供我們欣賞閱讀。如果不是這樣，只憑那些標準本我們的國文程度不知會低落到那裡！

由於有過這樣的切身經驗，我極反對學校教科書——特別是中學教科書的標準化。很多事物可以統一化、制式化和標準化。可是對於教科書的處理，我們就得特別小心。中學的教科書範圍與大綱可以統一化，書本尺寸大小可以制式化，甚至書本售價或書商利潤說不定也可以標準化，但是教材內容千萬不要統一化，寫法編法千萬不要制式化，也就是說，版本千萬不要標準化。我常常在想，臺灣的青年在六七十年代裡所表現的語文程度的低落，大概跟國文科的標準本具有很密切的關係。

我讀高中以後，臺灣中學的師資好像也有一點走下坡的傾向。那時似乎有一批人，本身不一定具備有中學教員的資格，但卻投身加入了中學教育。比如，我們學校來了一個管訓育的先生，他也兼教我們的地理。可是他教起世界地理來，卻連日本在地圖上的準確位置都不甚了了。平時他管起學生又嚴又厲，可是一來上我們的地理課則變得

又溫又和。他講課時絲毫不理會學生的秩序，聽任講臺下的同學低聲細語說不斷，他在臺上輕舟已過萬重山。

又有一回，學校來了一個訓導主任。他顯然完全不瞭解教育的意義，更遑論什麼愛的教育。在他處事方式當中，最危險而又最違反教育原理的事，莫過於他時常以管理思想犯的手段來管理學生。動不動要學生寫自白書，接著是一連串沒有意義，不知幾時可以休止的約談。這樣的手段可以用來恐嚇學生和迫令學生，但卻得不到教育的效果——更與德育的精神背道而馳（德育的根本基礎在於情育）！我自己不小心也有過一次驚險而令人回憶起來「怕怕」的經驗。

我們都知道教育是百年大計。我們也都知道正有許多人在關心著我們的教育問題，可是目前絕大多數的人好像都將注目點放在比較高的層次上面，比方專門注意大學教育問題，或者高級研究的問題。不過，根據我自己的經驗以及自己對教育問題的長年思考，我覺得比較起來中等學校的教育是目前最值得我們花費心思力求改進的教育環結。它的成敗可能最關係到我們社會的盛衰和國家的前途。所以，我要呼籲正視我們的中學教育，提高我們的中學師資，改進我們的中學教學內容，加強我們的中學教育的品質。

對「簡單純樸」的體驗

在人生的成長上，幾乎同等令我感到幸運的是我長年生長在農村。雖然我原來出生在離鄉間不遠的一個小鎮上，可是讀過了幼稚園，到了太平洋戰爭的末期，我們那兒也得逃空襲之後，我們家就逐步移往鄉村，變成一個農夫之家。所以從小學之初開始，一直到高中畢業為止，幾乎每一天都在鄉間裡度過。聽來也許令人奇怪和驚異，生長在

農村有什麼值得特別慶幸的。

　　我覺得人生當中需要幾種重要的品德，其中之一就是簡單純樸。不論是自己生活起居的安排，或是爲人處世的道理，或是情感情懷的表達，甚至理論的結構和邏輯的推理，情況全都如此，全都需要一種簡單純樸的品質。不說別的，在情感和道德方面，眞誠是一種簡單，虛僞是一種複雜；信是一種簡單，疑是一種複雜；甚至，愛是一種簡單，恨是一種複雜。生活在農村的自然懷抱裡，我們經常見到簡單帶來生機，複雜走向敗亡的訊息；也在鄉村的生活方式中，容易令人體察到純樸之間所涵藏的眞實。

　　可是自從臺灣慢慢走向工業化，逐步形成一個明顯的工商業社會之後,我們的幼童和青年學子大量減少了與大自然接觸的機會和樂趣,因此喪失了許多在自然界裡涵養感情，激勵意志，接受生命啓示的機會。

大自然的陶冶

　　小時候，不管是在田野裡幫做農務，或在草地上放牛，或只是閒走散步，周圍盡是一些令人感到新鮮好奇的事物和景象。河邊牽牛花日落後的睡態和迎接晨曦時的笑臉，稻田間白鷺鷥挺秀的身材和輕盈飛翔的姿態，樹頂上鳥巢裡的家庭景觀，田埂邊田螺緩緩爬行所留下的痕跡，蜻蜓滿天飛舞，母雞帶隊覓食，還有水田裡青綠的秧苗隨著季節的變易成長壯大含穗收成，菜圃中的幼芽體態萬千地欣欣向榮開花結果……。最神祕，最奧妙的是鄉間的夜晚。天邊吹來的清風，四周凝結的露水，遠處幽然傳來的水聲，附近此起彼落的蟲響。還有遠近難分的夜影交錯中，人家的燈光和自然的鬼火。躺在院子裡乘涼，仰望高空，繁星無數，閃爍不定。乍然之間，流光劃破長穹，消逝無

踪。生活在大自然的懷抱裡，一個人不只觀察到各種生生滅滅的奧祕與神奇，瞭解自然，領會自己，激起對人生的反省和寄望；他往往更能在生命的交感共振之間，移物寄情，開闊胸懷。只有處在大自然的萬物萬象之間，入微觀察，沉思廻想，使一個人一方面驚異地發覺宇宙之間沒有小我一己的固執，而只有大我生命的長流；可是另一方面卻又能在必要的時候，發揮頂天立地的氣概，抱持繼往開來的雄心壯志。在人事的混雜之間，這兩方面的爭鬥往往容易失之偏頗；可是在大自然的清新裡，兩者經常可望保持健全的平衡。

記得小時候，自然經常是我們立志舒懷之所。望著天上的星星和深谷中的瀑布，傾慕讚佩它們的眞誠：不管你望著它們也好，沒有望著它們也好，星星照樣閃亮，瀑布照樣奔騰，濺起美麗的水花。於是發現對自己眞實的價值（我可以欺騙他人，但無法欺騙自己），也發現自律才是道德眞正的基礎（人家無法永遠管治我們，只有我們才可以不時約束自己）。

有時我們也讓大自然激勵自己的修養，甚至與它爭勝負，比看到底誰高強。記得那時喜愛獨自觀賞明月東升。皓白清麗，皎潔動人。於是情不自禁，也要自己的心懷與它一樣清白照人，纖塵不染。也有一次走在大浪的海濱，海浪打擊著岩石發出雄壯的呼吼。任憑自己聲嘶力竭，竟然引不起同伴的聽覺。於是深深領會到在大自然之前個人的渺小。可是另一方面卻不斷在思索，怎樣陶冶自己和訓練自己，令自己的熱情和勇氣也像那無敵的浪濤似的，無比雄壯，無比剛強。因此，當唱著抗戰歌曲「熱血淘淘……像江裡的浪，像江裡的濤」的時候，內心裡有一份高遠的氣魄，胸懷間藏不住一片熱烈的激情。

也在這樣的自我修養和自我訓練之下，我們辛苦鍛鍊出夜間不懼黑，獨行不怕鬼的心理；努力琢磨了只求心地光明磊落，不畏讒言誹

諤的氣質。

　　大自然是優美的人性之培植養成之所，也是人類的傷感和悲懷的排遣之處。在人生裡，我們往往不可避免地積壓了無邊的幽怨、哀愁和悲痛，無法在人事的安排之間解除，只有在大自然的啓示之下消解。人生的意志容易在人事的混雜中沉淪，卻在自然的清新裡復活再生。辛苦的情懷特別需要自然的撫慰。人間的困情必須移向空靈處轉化，帶入幽遠裡昇華。

寄望深山海濱

　　今天我們社會裡那輕浮之風和暴戾之氣，和我們疏離了大自然，具有很密切的關聯。

　　可是現在我們何從在生活裡親近自然？何從在人生中接受自然的啓示？今天都市的燈光迷亂了夜空的星月，城裡的空氣汙染更令天人阻隔。我們的幼童已經不知道明月皎潔的眞正意義，更談不上領會繁星閃爍的動人所指。他們沒有見過螢火蟲，沒有見過白鷺鷥，沒有機會觀看海濤怒吼，沒有時間靜觀瀑布飛濺激起美麗的水花。今天我們的學校再也不鼓勵學生栽植花木，整理級園。現在的校園裡，到處是統一的打水泥，最多是統一的舖草皮——像統一的「標準本」一樣！

　　我常常在想，我們的社會將來眞正能夠培養出有抱負、有胸懷、有氣節、有品質、有情趣的可能是那些深山裡的學校或海濱的學校——在那些看得到繁星的地方，聽得到海濤的地方。

打開知識的眼界

　　能夠考讀當時唯一的國立大學——臺灣大學，也是生命中的一大幸運。可是，現在回想起來，在大學裡頭我所獲得的主要是專門學問上的事。大學的日子裡，教授們打開了我的眼界，增加了我的懷疑。可是在人生價值的建立方面，我所獲得的反而沒有像在中學時代那麼多樣和豐富。

　　大概是因爲抗戰時期資源缺乏，生活艱苦，沒有良好的研究環境，加以國難當前無心從事純粹學理的思考；因此，在我上大學的時候，大學裡面的師資並不特別堅強。再加上考選制度也許並不健全，因此有些人論學養可以在大學裡任教，但卻流落在中學屈就；另外有些人可能正好相反，原本最多只可在中學裡充數，但卻跑到大學裡來講課。所以，就我自己求學的經驗來說，那時中學的師資是一流的，但大學師資就遠非如此。

　　雖然這樣，然而那時能够入讀臺灣大學卻眞正是一件無比幸運的事。五六十年代，臺大是臺灣所有的高等學府當中最自由最開放的一所大學。那時整個大學的上上下下似乎都以繼承北大精神自居，因此全校瀰漫著一種活潑進取的風氣。我們不太計較是否每一堂都去上課聽講，但卻不斷鞭策自己，要勇於懷疑，認眞研究，努力向學。

　　所以大學的四年差不多可以說沒有一日虛度。「泡」在圖書館裡讀書，做筆記，寫心得；散步在椰子樹下，閒坐在杜鵑花旁沉思默想，討論爭辯；擠在水泄不通的大敎室裡聆聽校內的師長或校外的人士公開演講，比較觀點，吸取個別智慧。這樣四年下來，自己在學問上獲益甚多，在人生價值和人類知識的理論基礎問題上，更加成熟不少。可是我一直相信如果不是在中學時代有了良好的思想準備，我不可能

在大學裡很快地獲致理論上的成熟。記得升讀高中之後，我就一直對自己強調為人生而思考，不是為思考而人生；為人生而藝術，不是為藝術而人生。所以當我走上哲學之路時，我也不斷提醒自己哲學不只是一種專業，它本是一種人生。也因為這樣，在大一時我曾經因知識論的建樹問題而對「邏輯經驗論」傾心入迷，可是一看到邏輯經驗論者處理道德問題和價值問題，表現得那麼粗糙無能時，也就失望地逐步遠離了它。同樣地，我就讀臺大時，正是所謂「存在主義」在臺灣方興未艾之期。可是除了「存在先於本質」這個論旨令我思考一段時間而外，我未曾被它的理論所吸引。從小我就生長在人生正面價值的溫馨裡，人性的陰暗負面從來不是我思索人生問題的起點，更不是我解決人生問題的依據。

中學生活的豐富與成熟令我們在大學自由開放的風氣之下除汙去垢，棄雜存精；但卻沒有令我們在思想上或學理上趨新鮮，趕時髦，為流行而流行。

今天，我們中等教育素質似乎偏低，大學校園似乎也不夠自由開放，加上社會風氣虛華，人心浮躁，我們的青年學子會走向那裡呢？

我的方向與信念

我是在生活的感激反省之間慢慢走向生命的思索，接著走向哲學的追求。因此，反過來在哲學的建立和創造上，我也要求它要能指導人生，標示出豐盛、健全和優美的生命樣態。可是哲學必須重反省而不流於獨斷，因此在哲學從事之間，充滿了思辯上的對壘和論證上的破立。

　　長期思察考慮的結果，現在我認爲哲學是人生建樹和文化構作的基礎方法論，它爲人類的生命活動及其建構提供可資依循堪作憑藉的方法原理論。至於在哲學的內部問題方面，我目前比較集中注意下列幾個研究計劃：㈠中國語文的邏輯（並且希望進一步窺視中國文化建樹和生命理想的邏輯形態）。此一計劃頗爲龐大，包括跨學科和跨文化的比較研究。其中，部份的研究成果將有助於「機械翻譯」和「人工智能」研究的開發。㈡中國哲學的「現代化」（以及其未來拓展和「世界哲學」的發展關係問題）。㈢人類知識建構的證立問題（特別是循環論證問題）。㈣理性的演化論和「語言原理學」的開創（尤其在方法多元論之下，兩者所呈現的面貌）。㈤主體性之闡揚以及價值基礎的建立（包括應然實然對立之消解問題）。我自己相信二十一世紀將會是心靈哲學的世紀（其中語言哲學的問題將化約成爲心靈哲學問題）。到時哲學本身的方法論將有新的轉機，哲學問題的內部結構與交互關係也將呈現出新的面貌和不同的景觀。不過，這些屬於技術性的問題。我自己在這些問題上的思慮歷程和斟酌結果，無法在此詳細道出，只好留待以後有機會時再加報告。

滄海叢刊已刊行書目 (八)

書　　名	作　者	類　別
文學欣賞的靈魂	劉述先	西洋文學
西洋兒童文學史	葉詠琍	西洋文學
現代藝術哲學	孫旗譯	藝術
音樂人生	黃友棣	音樂
音樂與我	趙琴	音樂
音樂伴我遊	趙琴	音樂
爐邊閒話	李抱忱	音樂
琴臺碎語	黃友棣	音樂
音樂隨筆	趙琴	音樂
樂林蓽露	黃友棣	音樂
樂谷鳴泉	黃友棣	音樂
樂韻飄香	黃友棣	音樂
樂圃長春	黃友棣	音樂
色彩基礎	何耀宗	美術
水彩技巧與創作	劉其偉	美術
繪畫隨筆	陳景容	美術
素描的技法	陳景容	美術
人體工學與安全	劉其偉	美術
立體造形基本設計	張長傑	美術
工藝材料	李鈞棫	美術
石膏工藝	李鈞棫	美術
裝飾工藝	張長傑	美術
都市計劃概論	王紀鯤	建築
建築設計方法	陳政雄	建築
建築基本畫	陳榮美、楊麗黛	建築
建築鋼屋架結構設計	王萬雄	建築
中國的建築藝術	張紹載	建築
室內環境設計	李琬琬	建築
現代工藝概論	張長傑	雕刻
藤竹工	張長傑	雕刻
戲劇藝術之發展及其原理	趙如琳譯	戲劇
戲劇編寫法	方寸	戲劇
時代的經驗	汪琪、彭家發	新聞
大眾傳播的挑戰	石永貴	新聞
書法與心理	高尚仁	心理

滄海叢刊已刊行書目 (七)

書　　　　名	作　　者	類		別
印度文學歷代名著選(上)(下)	廖文開編譯	文		學
寒　山　子　研　究	陳　慧　劍	文		學
魯　迅　這　個　人	劉　心　皇	文		學
孟　學　的　現　代　意　義	王　支　洪	文		學
比　　較　　詩　　學	葉　維　廉	比　較	文	學
結　構　主　義　與　中　國　文　學	周　英　雄	比　較	文	學
主　題　學　研　究　論　文　集	陳鵬翔主編	比　較	文	學
中　國　小　說　比　較　研　究	侯　　健	比　較	文	學
現　象　學　與　文　學　批　評	鄭　樹　森編	比　較	文	學
記　　號　　詩　　學	古　添　洪	比　較	文	學
中　美　文　學　因　緣	鄭　樹　森編	比　較	文	學
文　　學　　因　　緣	鄭　樹　森	比　較	文	學
比　較　文　學　理　論　與　實　踐	張　漢　良	比　較	文	學
韓　非　子　析　論	謝　雲　飛	中　國	文	學
陶　淵　明　評　論	李　辰　冬	中　國	文	學
中　國　文　學　論　叢	錢　　穆	中　國	文	學
文　　學　　新　　論	李　辰　冬	中　國	文	學
離　騷　九　歌　九　章　淺　釋	繆　天　華	中　國	文	學
苕　華　詞　與　人　間　詞　話　述　評	王　宗　樂	中　國	文	學
杜　甫　作　品　繫　年	李　辰　冬	中　國	文	學
元　曲　六　大　家	應　裕　康 王　忠　林	中　國	文	學
詩　經　研　讀　指　導	裴　普　賢	中　國	文	學
迦　陵　談　詩　二　集	葉　嘉　瑩	中　國	文	學
莊　子　及　其　文　學	黃　錦　鋐	中　國	文	學
歐　陽　修　詩　本　義　研　究	裴　普　賢	中　國	文	學
清　真　詞　研　究	王　支　洪	中　國	文	學
宋　儒　風　範	董　金　裕	中　國	文	學
紅　樓　夢　的　文　學　價　值	羅　　盤	中　國	文	學
四　說　論　叢	羅　　盤	中　國	文	學
中　國　文　學　鑑　賞　舉　隅	黃　慶　萱 許　家　鸞	中　國	文	學
牛　李　黨　爭　與　唐　代　文　學	傅　錫　壬	中　國	文	學
增　訂　江　皋　集	吳　俊　升	中　國	文	學
浮　士　德　研　究	李辰冬譯	西　洋	文	學
蘇　忍　尼　辛　選　集	劉安雲譯	西　洋	文	學

滄海叢刊已刊行書目 (五)

書　　名	作　　者	類	別
中西文學關係研究	王潤華	文	學
文開隨筆	糜文開	文	學
知識之劍	陳鼎環	文	學
野草詞	韋瀚章	文	學
李韶歌詞集	李韶	文	學
石頭的研究	戴天	文	學
留不住的航渡	葉維廉	文	學
三十年詩	葉維廉	文	學
現代散文欣賞	鄭明娳	文	學
現代文學評論	亞菁	文	學
三十年代作家論	姜穆	文	學
當代臺灣作家論	何欣	文	學
藍天白雲集	梁容若	文	學
見賢集	鄭彥棻	文	學
思齊集	鄭彥棻	文	學
寫作是藝術	張秀亞	文	學
孟武自選文集	薩孟武	文	學
小說創作論	羅盤	文	學
細讀現代小說	張素貞	文	學
往日旋律	幼柏	文	學
城市筆記	巴斯	文	學
歐羅巴的蘆笛	葉維廉	文	學
一個中國的海	葉維廉	文	學
山外有山	李英豪	文	學
現實的探索	陳銘磻編	文	學
金排附	鍾延豪	文	學
放鷹	吳錦發	文	學
黃巢殺人八百萬	宋澤萊	文	學
燈下燈	蕭蕭	文	學
陽關千唱	陳煌	文	學
種籽	向陽	文	學
泥土的香味	彭瑞金	文	學
無緣廟	陳艷秋	文	學
鄉事	林清玄	文	學
余忠雄的春天	鍾鐵民	文	學
吳煦斌小說集	吳煦斌	文	學

滄海叢刊已刊行書目 (二)

書 名	作 者	類	別
不 疑 不 懼	王 洪 鈞	敎	育
文 化 與 敎 育	錢 穆	敎	育
敎 育 叢 談	上 官 業 佑	敎	育
印 度 文 化 十 八 篇	糜 文 開	社	會
中 華 文 化 十 二 講	錢 穆	社	會
清 代 科 舉	劉 兆 璸	社	會
世 界 局 勢 與 中 國 文 化	錢 穆	社	會
國 家 論	薩 孟 武 譯	社	會
紅 樓 夢 與 中 國 舊 家 庭	薩 孟 武	社	會
社 會 學 與 中 國 研 究	蔡 文 輝	社	會
我 國 社 會 的 變 遷 與 發 展	朱 岑 樓 主 編	社	會
開 放 的 多 元 社 會	楊 國 樞	社	會
社 會、文 化 和 知 識 份 子	葉 啓 政	社	會
臺 灣 與 英 國 社 會 問 題	蔡 文 輝 蕭 新 煌 主 編	社	會
日 本 社 會 的 結 構	福 武 直 著 王 世 雄 譯	社	會
三 十 年 來 我 國 人 文 及 社 會 科 學 之 回 顧 與 展 望		社	會
財 經 文 存	王 作 榮	經	濟
財 經 時 論	楊 道 淮	經	濟
中 國 歷 代 政 治 得 失	錢 穆	政	治
周 禮 的 政 治 思 想	周 世 輔 周 文 湘	政	治
儒 家 政 論 衍 義	薩 孟 武	政	治
先 秦 政 治 思 想 史	梁 啓 超 原 著 賈 馥 茗 標 點	政	治
當 代 中 國 與 民 主	周 陽 山	政	治
中 國 現 代 軍 事 史	劉 馥 著 梅 寅 生 譯	軍	事
憲 法 論 集	林 紀 東	法	律
憲 法 論 叢	鄭 彥 棻	法	律
師 友 風 義	鄭 彥 棻	歷	史
黃 帝	錢 穆	歷	史
歷 史 與 人 物	吳 相 湘	歷	史
歷 史 與 文 化 論 叢	錢 穆	歷	史

滄海叢刊已刊行書目 (二)

書　　　名	作　　　者	類　　　別	
語　言　哲　學	劉　福　增	哲	學
邏　輯　與　設　基　法	劉　福　增	哲	學
知識‧邏輯‧科學哲學	林　正　弘	哲	學
中　國　管　理　哲　學	曾　仕　強	哲	學
老　子　的　哲　學	王　邦　雄	中　國　哲	學
孔　學　漫　談	余　家　菊	中　國　哲	學
中　庸　誠　的　哲　學	吳　　　怡	中　國　哲	學
哲　學　演　講　錄	吳　　　怡	中　國　哲	學
墨　家　的　哲　學　方　法	鐘　友　聯	中　國　哲	學
韓　非　子　的　哲　學	王　邦　雄	中　國　哲	學
墨　家　哲　學	蔡　仁　厚	中　國　哲	學
知　識、理　性　與　生　命	孫　寶　琛	中　國　哲	學
逍　遙　的　莊　子	吳　　　怡	中　國　哲	學
中國哲學的生命和方法	吳　　　怡	中　國　哲	學
儒　家　與　現　代　中　國	韋　政　通	中　國　哲	學
希　臘　哲　學　趣　談	鄔　昆　如	西　洋　哲	學
中　世　哲　學　趣　談	鄔　昆　如	西　洋　哲	學
近　代　哲　學　趣　談	鄔　昆　如	西　洋　哲	學
現　代　哲　學　趣　談	鄔　昆　如	西　洋　哲	學
現　代　哲　學　述　評(一)	傅　佩　榮譯	西　洋　哲	學
懷　海　德　哲　學	楊　士　毅	西　洋　哲	學
思　想　的　貧　困	韋　政　通	思	想
不　以　規　矩　不　能　成　方　圓	劉　君　燦	思	想
佛　學　研　究	周　中　一	佛	學
佛　學　論　著	周　中　一	佛	學
現　代　佛　學　原　理	鄭　金　德	佛	學
禪　話	周　中　一	佛	學
天　人　之　際	李　杏　邨	佛	學
公　案　禪　語	吳　　　怡	佛	學
佛　教　思　想　新　論	楊　惠　南	佛	學
禪　學　講　話	芝峯法師譯	佛	學
圓　滿　生　命　的　實　現 （布　施　波　羅　蜜）	陳　柏　達	佛	學
絕　對　與　圓　融	霍　韜　晦	佛	學
佛　學　研　究　指　南	關　世　謙譯	佛	學
當　代　學　人　談　佛　教	楊　惠　南編	佛	學

滄海叢刊巳刊行書目 (一)

書　　　名	作　者	類　　　　別
國父道德言論類輯	陳　立　夫	國　父　遺　教
中國學術思想史論叢 (一)(二)(三)(四)(五)(六)(七)(八)	錢　　穆	國　　　　學
現代中國學術論衡	錢　　穆	國　　　　學
兩漢經學今古文平議	錢　　穆	國　　　　學
朱　子　學　提　綱	錢　　穆	國　　　　學
先　秦　諸　子　繫　年	錢　　穆	國　　　　學
先　秦　諸　子　論　叢	唐　端　正	國　　　　學
先秦諸子論叢（續篇）	唐　端　正	國　　　　學
儒學傳統與文化創新	黃　俊　傑	國　　　　學
宋代理學三書隨劄	錢　　穆	國　　　　學
莊　子　纂　箋	錢　　穆	國　　　　學
湖　上　閒　思　錄	錢　　穆	哲　　　　學
人　生　十　論	錢　　穆	哲　　　　學
晚　學　盲　言	錢　　穆	哲　　　　學
中國百位哲學家	黎　建　球	哲　　　　學
西洋百位哲學家	鄔　昆　如	哲　　　　學
現代存在思想家	項　退　結	哲　　　　學
比較哲學與文化 (一)(二)	吳　　森	哲　　　　學
文化哲學講錄 (一)(二)(三)(四)	鄔　昆　如	哲　　　　學
哲　學　淺　論	張　　康譯	哲　　　　學
哲　學　十　大　問　題	鄔　昆　如	哲　　　　學
哲　學　智　慧　的　尋　求	何　秀　煌	哲　　　　學
哲學的智慧與歷史的聰明	何　秀　煌	哲　　　　學
內　心　悅　樂　之　源　泉	吳　經　熊	哲　　　　學
從西方哲學到禪佛教 ——「哲學與宗教」一集——	傅　偉　勳	哲　　　　學
批判的繼承與創造的發展 ——「哲學與宗教」二集——	傅　偉　勳	哲　　　　學
愛　的　哲　學	蘇　昌　美	哲　　　　學
是　與　非	張　身　華譯	哲　　　　學